COMPTE-RENDU

DE

L'EXPOSITION UNIVERSELLE

DE BESANÇON

HORLOGERIE

3e SECTION

PAR L. DE LIMAN

AUTEUR D'UN TRAITÉ D'HORLOGERIE, RÉCOMPENSÉ DE MÉDAILLES D'OR, D'ARGENT ET MENTIONS HONORABLES, ETC.

PRIX : 1 FRANC.

SE VEND :

A BESANÇON,
CHEZ Mme BAUDIN, LIBRAIRE
Place Saint-Pierre, 2.

A PARIS,
CHEZ DEVRINE,
Marchand de Fournitures.

A GENÈVE,
[CH]EZ BERTHON, MARCHAND DE FOURNITURES.

COMPTE-RENDU

DE

L'EXPOSITION UNIVERSELLE

DE BESANÇON

HORLOGERIE

3e SECTION

PAR L. DE LIMAN

AUTEUR D'UN TRAITÉ D'HORLOGERIE, RÉCOMPENSÉ DE MÉDAILLES D'OR, D'ARGENT ET MENTIONS HONORABLES, ETC.

BESANÇON,

IMPRIMERIE DE JULES ROBLOT,

GRANDE-RUE, 43.

1860

A S. A. I. LE PRINCE NAPOLÉON,

AUX AUTORITÉS DU DÉPARTEMENT DU DOUBS, AUX MAGISTRATS DE LA VILLE DE BESANÇON, AUX MEMBRES DE LA COMMISSION DE L'EXPOSITION, AUX EXPOSANTS ET A TOUS LES AMIS DES ARTS.

Monseigneur, Messieurs,

Si l'Exposition de Besançon a depassé en splendeur et en richesse toutes celles qu'on a vues dans les villes de province, on le doit à votre bienveillant patronage, à votre dévouement pour notre cité, à vos soins journaliers et à l'empressement qu'on a mis á répondre à votre appel ; aussi doit-on vous adresser d'abord tous les travaux qui s'y rattachent et tous les écrits propres à stimuler l'émulation chez les artistes insouciants et destinés à constater les difficultés vaincues et le résultat obtenu.

Permettez-moi donc, Monseigneur et Messieurs, de vous adresser ces quelques considérations sur l'horlogerie et sur l'Exposition d'horlogerie de 1860.

L. De Liman.

DISCOURS PRÉLIMINAIRE.

L'idée première d'une Exposition universelle à Besançon a été conçue par des fabricants d'horlogerie qui représentent la première et la plus imposante de nos industries locales, puisqu'elle occupe près du tiers des habitants de notre grande cité. Ce projet, d'une conception téméraire, a trouvé longtemps des contradicteurs ; non pas que quelqu'un voulût reculer devant les sacrifices à faire pour conduire l'entreprise à bonne fin, mais parce qu'il leur paraissait impossible d'amener les bons industriels de toute la France et de l'Étranger dans une ville de province située à une si grande distance de Paris, et qui ne paraissait pas disposée convenablement pour établir dans ses murs un de ces grands tournois des arts, cette grande fête de la paix et de la confraternité des peuples.

Enfin tous les hommes de cœur, de toutes les classes de la société, ayant combiné leurs efforts, Besançon offre au monde un spectacle imposant et sublime tout à la fois. La voilà redevenue ville capitale à son tour, et 1860 laissera à son histoire une date qui sera toujours un de ses plus beaux souvenirs. Si toutes les industries de notre pays, si tous nos voisins ont répondu à l'appel de nos administrateurs, c'est que la France est sûre d'elle-même et que les étrangers sont fiers de nos suffrages et confiants en notre justice, puisqu'ils désirent concourir avec nous.

En attendant le moment où chaque lauréat recevra le prix de ses labeurs, où des croix et des médailles seront données aux maîtres des arts et de l'industrie, chaque exposant a déjà la satisfaction de voir ses produits classés admirablement par une commission intelligente chez laquelle le bon goût de l'homme du monde, la méthode de l'industriel et la main habile de l'ouvrier se sont parfaitement entendus pour transformer un marché, un monument obscur jusqu'à présent, en un palais délicieux.

Remercions donc d'abord l'Administration de la ville de Besançon, qui n'a reculé devant aucun sacrifice pour que notre Exposition fût plus brillante que ses sœurs aînées des autres villes rivales : remercions la Commission des efforts surhumains qu'elle a faits pour mener l'entreprise au point surprenant où elle est arrivée. Rendons grâces à Son Eminence le cardinal-archevêque, qui a bien voulu bénir nos faibles travaux et demander à Dieu de répandre sur les juges de toutes ces merveilles le souffle divin de la justice et de la vérité, afin que vainqueurs et vaincus redoublent d'efforts, au lendemain de la lutte, pour la gloire de Dieu et le bien-être de l'humanité.

Maintenant que l'Exposition est ouverte, le rôle de l'historien commence. Le journaliste peut bien rendre un compte amusant de toutes les branches de l'industrie en général, il peut faire un tableau rapide et superficiel sur bien des objets, mais il est des arts qui ont des secrets impénétrables pour le vulgaire, et qu'il ne doit pas discuter inconsidérément sous peine de fausser le but des expositions.

Plus on a étudié l'horlogerie et plus on avance vers la perfection ; c'est là que chaque horloger se trouve au-dessous des beautés de l'art et ne les aborde qu'en tremblant. Pénétré de ces vérités, nous venons demander à MM. les Exposants de vouloir bien nous donner une notice explicative du mérite, de la forme et des effets de leurs inventions, cela facilitera le travail que nous allons entreprendre et nous aidera à le rendre plus complet et plus intéressant pour les artistes qui ne pourront pas venir visiter le palais de l'industrie de Besançon. Avant de décrire l'horlogerie de 1860, examinons ce qu'elle a été au siècle dernier, ce qu'elle est depuis 20 ans et ce qu'elle devra être dans la suite pour compter d'une manière sérieuse au nombre des arts de première utilité pour la société actuelle.

L'Horlogerie au siècle dernier.

Au temps où vivait Pierre le Roy qui, en inventant les montres marines, a laissé un nom immortel dans les annales de la chronométrie, l'horlogerie exacte était classée au nombre des grandes découvertes et des primes énormes étaient offertes à l'émulation des artistes.

L'Angleterre offrait 500,000 francs à celui qui trouverait, par l'horlogerie, le moyen de déterminer exactement les longitudes en mer. Quoique la France donnât une récompense de beaucoup inférieure, ce grand problème fut résolu d'une manière également satisfaisante et par Harrisson en Angleterre et par Pierre le Roy en France.

Depuis cette époque jusqu'au commencement de notre siècle, l'horlogerie ayant rendu de si grands services à la société, les artistes jouissaient, à juste titre, de beaucoup de prérogatives et de considération auprès du souverain comme dans l'esprit des particuliers ; ce n'était qu'après avoir fait des études sérieuses et approfondies que chaque horloger pouvait offrir ses services au public. Le marchand de montres construisait lui-même son horlogerie, il préparait ses cuivres, il les battait à l'eau froide jusqu'à ce qu'ils eussent le degré voulu de dureté, il faisait ses pignons et les trempait et recuisait toujours juste à point, il faisait son réglage et le repassage et toutes les montres ainsi traitées ont déjà marché plus de cent ans et semblent défier encore tout ce qu'on fait de plus solide aujourd'hui.

Lépine et Breguet parurent avec leurs montres plates qui eurent le plus grand succès auprès du public. Elles étaient d'un usage plus commode et, comme elles réglaient bien mieux que les autres, elles furent tout de suite recherchées par les riches et les amateurs.

Si ces deux grands artistes, tout en transformant l'horlogerie de leurs devanciers, avaient laissé à leurs jolis travaux une épaisseur raisonnable, leurs pièces auraient pu, comme celles d'autrefois, passer du père au fils dans toutes les familles, tandis que la plupart de leurs montres plates ont été disloquées avant vingt ans de service.

Bientôt les grandes fabriques de Genève et des montagnes suisses s'emparèrent des calibres de Paris, divisèrent la fabrication de la montre en trois ou quatre parties différentes, ce qui permit d'établir de l'horlogerie bonne encore et à meilleur marché que les pièces françaises; aussi les horlogers ayant plus de bénéfices sur la vente de ces montres que sur les leurs, cessèrent-ils de construire les montres qu'ils livraient à leurs clients.

Pendant cette grande transformation, que les anciens horlogers considèrent comme le point de départ de la décadence de l'horlogerie comme art, on ne continuait pas moins à établir encore, surtout dans la jeune fabrique de Besançon, de ces belles montres à roue de rencontre, telles qu'on en trouvait dans le commerce il y a trente ans et qui font toujours l'admiration des artistes qui les réparent.

L'Horlogerie après 1830.

Bientôt on vit paraître dans les fabriques, des ébauches découpées, tournées et percées par des machines à vapeur, des pignons fabriqués avec de l'acier denté et tiré dans des filières; on les trempe et on les recuit par deux et trois cents à la fois. Les roues sont fendues par paquets de douze à trente à la fois; cette denture est d'autant plus mauvaise que les outils à arrondir sont tout à fait impuissants pour y corriger les irrégularités. Voilà cependant les éléments avec lesquels on est parvenu à faire l'horlogerie à bon marché.

Tout le temps que les fabriques ont été dirigées par des hommes du métier et que le détail était exclusivement du ressort des horlogers; on faisait bien déjà, sans bruit, quelques patraques destinées au brocantage ou aux escrocs qui, déguisés en soldats et marins naufragés, ont pendant longtemps exploité les fermiers dans les foires, les soldats jusque dans leurs casernes et tous les ivrognes dans les cabarets; mais ceci était une exception, car, pendant longtemps, les fabricants n'ont établi que des montres qui se vendaient au détail : en argent, 100 à 120 francs; et en or, de 200 à 300 francs, suivant le poids des boîtes.

Bientôt les bijoutiers, les orfèvres et les opticiens, ont voulu vendre des montres, ne tenant pas compte du repassage, de la garantie, ils ont presque toujours livré à un prix que l'horloger sérieux ne pouvait pas tenir. Il y a eu une perturbation dans le commerce de l'horlogerie; on a voulu réduire le prix d'achat, le fabricant a baissé la qualité : par suite de la division du travail en vingt-cinq petites parties distinctes, la montre commune a pu être établie par tous les capitalistes possibles; on compte, depuis dix ans, soixante mille ouvriers horlogers et plus de mille fabricants!

Il y a encombrement de montres communes, juste au moment où l'expérience a montré d'une manière presque générale que la patraque a fait son temps. L'année dernière a vu crouler plus de cent fabricants et marchands d'horlogerie. Cependant, dans chaque ville de France, il passe trois ou quatre marchands d'horlogerie par semaine! Sauf quelques maisons qui sont respectées par leurs voyageurs, tous commencent par critiquer ce qu'on a pu acheter la veille; tous disent : vous avez payé ces pièces tel prix; voilà les pareilles;

que je vous vendrai cinq francs de moins. On annonce une baisse de prix, on essaie de séduire les horlogers par un prix fabuleux, et il résulte très souvent de toutes ces maladresses que le client, peu horloger et négociant, remet ses achats à la prochaine baisse et laisse partir le voyageur.

A côté de ce commerce ruineux, les maisons qui font établir les belles pièces de fantaisie qui se vendent fort cher, les horlogers qui construisent les belles et bonnes montres de commerce au nom des bonnes maisons d'horlogerie de toutes les provinces, ne peuvent jamais remplir assez tôt les commissions qu'on leur donne.

Pourquoi cette différence dans les situations ?

On disait autrefois, du temps des Berthoud, des Lepaute, des Champion de Rennes, etc. : *Une montre, c'est un cheval à l'écurie.* Si ce proverbe avait quelque chose de vrai au sujet de toutes les admirables montres de cette époque, le public actuel arrive à reconnaître que les montres qu'on voit affichées dans les journaux et aux étalages de certains marchands, 40 et 60 francs pour les pièces d'argent, et 80 à 120 francs pour les pièces d'or, *garanties deux ans,* ne peuvent donner qu'un mauvais résultat, que la valeur réelle de ces pièces peut se réduire au poids de la boite après deux ou trois ans d'usage, et que ces prix réduits ne peuvent séduire que les recrues de nos régiments et les bonnes d'enfants.

Celui qui achète une montre commune perd son argent, l'horloger qui la vend perd sa maison.

De même que la médecine et la pharmacie ont été pratiquées en plein air sur les voitures des charlatans qui, depuis 1815 à 1840, ont exploité les foires, l'horlogerie a été livrée à l'agiotage : les prix courants réduits envoyés aux particuliers pour les séduire, les annonces dans les journaux, les lettres de recommandation qu'on se fait donner, sont toujours la grosse caisse des anciens charlatans et les engins de séduction dont on se sert toujours, sous toutes les formes, pour exploiter la crédulité publique et arriver à forcer l'achat. A toutes les époques, cela se renouvelle forcément, attendu que l'expérience de ces faits disparaît avec les victimes et que les publicistes n'ont pas encore suffisamment éclairé le public sur ces questions d'économie sociale.

Quoiqu'il en soit, comme très peu de personnes savent qu'une montre d'argent à cylindre *de première qualité* coûte au moins sept livres sterl. anglaises ou 175 fr. chez M. Frodsham, horloger à Londres ; 150 fr. environ chez MM. Audemars, Richard et Patek, nos premiers fabricants; il arrive que des gens très riches achètent des patraques, croyant avoir ce qui se fait de mieux.

Quand on a lancé chez tous les détaillants de l'horlogerie des prix courants où la montre d'argent *indiquée comme première qualité* était cotée trente et quelques francs, tous ceux qui font le commerce de montres sans être horlogers, quelques horlogers comptant sur leur talent pour les faire marcher quand même, et poussés par l'appât d'un bénéfice considérable, en ont acheté et vendu en grande quantité; mais quel est le résultat qu'on a obtenu avec cette horlogerie?

L'échappement à cylindre est, par sa nature, d'une complaisance extrême et souffre tant d'imperfections que, malheureusement pour nous, il donne des résultats même sur les pièces les plus grossières et les plus communes possibles. Mais comme il ne sert dans la montre qu'à modérer la fuite rapide de force motrice et à régler son accélération, il ne peut rien tout seul, et, fût-il admirablement traité, si la matière première d'une montre, son rouage et les pignons sont mauvais, tout sera disloqué en très peu de temps.

Sur douze montres communes, trois ou quatre ont bien marché un an, trois ans, dix ans peut-être; les autres sont huit jours chez le propriétaire, huit jours chez l'horloger : au bout de cinq à six mois, l'acheteur, croyant qu'il a eu affaire à un ignorant ou à un fripon, porte sa montre à un autre horloger. Celui-ci déprécie la vente de son collègue, demande cinq francs, dix francs, pour retoucher cette pièce; mais comme tout est mauvais, il ne peut pas faire l'impossible; il a travaillé et il se fait payer. Le prix d'achat peut ainsi être doublé par de fréquentes réparations, et encore faut-il changer cette montre, en perdant tout, moins la valeur de la boîte. Telle est la triste position qu'on a faite à plus de deux millions de Français et à un grand nombre d'horlogers des villes des provinces. Plus la ville est petite, moins il y a de population flottante, et plus tôt une maison d'horlogerie est perdue.

Mettons le doigt sur la plaie.

Les horlogers détaillants et les fabricants s'accusent réciproquement de ce désastre. Les premiers disent : autrefois nous vendions de belles pièces ; c'était cher, mais beau et bon ; on contentait son client, on était heureux. Depuis dix ans, il est passé ici une nuée innombrable de marchands de montres se disant fabricants ; ils vendent à tout prix et à tout le monde ; ils ont mis des dépôts chez tous les bijoutiers, orfèvres et opticiens ; le marchand de parapluies vend des montres, le tapissier vend des pendules au-dessous du prix que je paie les miennes ; le public y est allé en foule, et moi, je voyais faire ! Voilà la situation que la fabrique nous a faite.

Le fabricant, à son tour, accuse les horlogers d'avoir favorisé la fabrication commune, en cherchant toujours à réduire leur prix d'achat, tandis qu'il eut été juste de l'augmenter, pour suivre le cours des locaux et des denrées qui coûtent moitié plus cher à l'ouvrier en 1860 qu'en 1830. On leur dit encore, avec vérité : si les bourgeois sont stupides d'acheter leurs montres chez un marchand de meubles plutôt que chez l'horloger, s'ils encouragent ainsi tous les négociants possibles à se mêler d'horlogerie, vous-mêmes, messieurs, à qui achetez-vous vos montres ? Les demandez-vous à des horlogers véritables ? Préférez-vous toujours l'horlogerie des hommes qui ont travaillé avec leurs pères ou qui ont passé leur vie entière à l'étudier et à l'améliorer ? Quand un nouveau marchand se présente, l'interrogez-vous ; le priez-vous de se mettre à votre établi pour qu'il justifie de sa qualité d'horloger fabricant? Quand il n'est pas horloger et son fabricant non plus, mais qu'il vous offre à un franc ou deux francs de moins qu'un horloger sérieux, lui achetez-vous de préférence ou le remerciezvous tout net? Ceux d'entre vous qui ont eu la faiblesse de le favoriser de leurs achats donnent raison au public que vous blâmez : ils ne doivent plus se plaindre de la concurrence étrangère qui leur est faite ; en la soutenant dans les fabriques, ils la verront se développer à proportion dans vos localités. Si tous les brocanteurs de patraques avaient été impitoyablement éconduits de tous les magasins tenus par les horlogers, ils seraient bientôt retournés à leur ancien commerce, et l'horlogerie ne fut pas tombée aussi bas. Maintenant que l'expérience, ce grand maître de l'humanité, a démontré que les montres communes qu'on a fabriquées pendant ces dernières années, ne répondent plus aux besoins des personnes qui s'en servent pour indiquer les départs des chemins de fer et toutes les dates du jour nécessaires aux particuliers dans le tourbillon des travaux et des affaires, des devoirs et des plaisirs; entrons au palais de l'Exposition de Besançon, examinons tout avec un soin scrupuleux et recherchons le genre de montres qui est le plus propre à favoriser la grande réaction qui s'annonce en faveur de la bonne horlogerie.

COMPTE-RENDU

DE

L'EXPOSITION SUR L'HORLOGERIE.

M. BREGUET.

Lorsqu'on ouvre l'histoire d'un peuple, on y trouve toujours les noms de ceux qui se sont illustrés dans les luttes politiques, dans la guerre et même dans les sciences et la littérature, mais on y cherche en vain les traces des *ouvriers* célèbres qui ont su transformer la matière et l'approprier à tous les besoins de l'humanité. Si nous savons que Franklin a montré aux hommes le moyen de dompter la foudre, c'est parce qu'on a beaucoup parlé de lui comme le plus ardent champion de l'émancipation de sa patrie. Si le nom du grand Breguet, le transformateur de l'horlogerie et le père de presque toutes les créations actuelles, est encore présent à la mémoire de tous les hommes, c'est parce que sa maison existe toujours et qu'elle a triomphé de tous les caprices de la vogue et de la mode. Le petit-fils de ce grand homme a daigné exposer à Besançon les principaux chefs-d'œuvre de ses ancêtres, ses propres produits et ses magnifiques appareils télégraphiques. Comme tant d'autres exposants riches, M. Breguet eut pu nous apporter une brillante vitrine d'horlogerie, étaler aux yeux du vulgaire de riches garnitures de rubis et de diamans, mais de même que *noblesse oblige*, M. Breguet n'a exposé que 2 montres marines et une seule montre de poche faites en 1860, mais construites dans sa maison, quai de l'Horloge, à Paris.

M. Breguet a été placé au centre de la première salle où l'on voit de l'horlogerie. Ses appareils télégraphiques, ses pendules et ses chronomètres sont placés sur une estrade au centre du parquet; elle est surmontée du buste du grand artiste. Le sculpteur lui a laissé tant de souplesse dans la pose et tant d'animation dans les traits, qu'il semble encore vivant et chargé de faire les honneurs de l'exposition d'horlogerie.

Quand M. Breguet nous a ouvert sa vitrine, nous avons d'abord remarqué une belle montre estimée trente mille francs. Cette pièce marque l'équation du temps, c'est-à-dire la différence qui existe chaque jour de l'année entre le temps moyen indiqué par les horloges bien réglées et le temps solaire qu'on observe au méridien du lieu où on se trouve. Un cadran indique le développement des ressorts moteurs. Elle possède un thermomètre métallique, marque les secondes indépendantes et courantes, elle répète les heures, quarts et minutes. Cette montre se remonte seule par le simple mouvement du corps de la personne qui la porte.

Elle fut commandée en 1787 par le marquis de La Groie, officier aux gardes de la reine Marie-Antoinette, il voulut que tout le mouvement fut construit en or, acier et platine et qu'on donnât à cette montre toute la complication d'effets et tous les soins possibles pour en faire une pièce de précision et des plus curieuses tout à la fois.

La Révolution tenait son couperet sanglant suspendu sur la tête des officiers de la maison du roi. M. de La Groie émigra et ses biens furent confisqués et vendus; à son retour en France, ruiné et dans l'impossibilité de payer cette montre, M. Breguet la fit terminer quand même, et on a dit dans le temps que l'artiste fut, à son tour, le soutien et le protecteur de l'ex-grand seigneur.

On remarque encore une montre à secousse faite pour le duc d'Orléans, en 1780. Cette montre se remonte seule par le mouvement qu'on lui imprime en la portant. Le célèbre Arnold, qui créa l'échappement tel qu'il existe encore dans les montres marines actuelles, ayant entendu parler de cette montre à la cour du roi d'Angleterre, vint exprès à Paris pour la voir, et depuis les deux artistes des deux nations rivales furent liés de la plus étroite amitié. La vitrine de M. Breguet contient une quantité de montres anciennes et demodées, mais qui sont autant de précieuses reliques résumant à elles seules l'histoire de l'horlogerie depuis cent ans.

Quoi de plus surprenant que les effets de sa pendule sympathique qui est un chef-d'œuvre de composition et d'exécution; on place une montre dans une lunette qui sert de couronnement à la pendule, si la montre varie dans la nuit, la pendule la remet à l'heure.

Telle est la partie historique et scientifique de l'exposition de l'ancienne maison Breguet, ces vieilles montres en or rouge, dont la forme ne plairait plus aujourd'hui, sont d'une exécution admirable : les grands seigneurs du temps se disputaient l'honneur de posséder un tel objet, chacun voulait payer plus cher pour avoir plus beau. Après toutes les commotions que la France a subies depuis 70 ans, ce ne sera que dans une paix profonde, garantie par des idées de plus en plus dynastiques que les arts recevront encore de pareils encouragements.

Nous avons remarqué dans les produits plus modernes de M. Breguet :

1° Son chronographe à pointage marquant les dixièmes de secondes. Cet instrument marque à l'encre, sur un cadran, le temps que dure une observation astronomique, une course de chevaux, une expérience médicale, un phénomène physique ou chimique et cela à un dixième de seconde près.

2° Son thermométrographe horaire à pointage : cet instrument remarquable se compose d'un mécanisme horaire, dans le genre d'une pendule, qui met en mouvement une plaque en métal portant sur sa longueur les divisions des heures du jour et sur sa largeur les degrés que marquent les thermomètres ordinaires : à chaque heure, une aiguille qui porte un petit réservoir où on met de l'encre, reçoit un choc et dépose sur le cadran un petit point noir indiquant le degré centigrade de la température.

3° Une belle montre de poche construite en 1860. On sait que depuis quelques années, on a remplacé le piton fixe des spiraux par une lame flexible, à l'extrémité de laquelle on fixe le ressort réglant des chronomètres et même de certaines montres. Nous croyons que cette lame flexible peut faciliter la recherche de l'isochronisme du spiral et même le rendre possible dans bien des cas; aussi c'est avec le plus vif intérêt que nous constatons que ce nouveau procédé a de l'avenir. Les goupilles des raquettes ordinaires agissent sur le tour extérieur du spiral et le gênent presque toujours, soit qu'elles le poussent en dedans ou en dehors de sa courbure naturelle. Dans la montre de M. Breguet, l'avance-et-retard agit toujours en ligne droite sur la longueur de la lame auxiliaire qui porte le spiral. Cette montre est à remontoir par le pendant et d'une exécution si parfaite, qu'il est regrettable que M. Breguet n'en ait pas exposé davantage.

4° Deux chronomètres ou montres marines faites en 1860.

Ces deux pièces sont établies sur le dernier calibre généralement adopté pour les chronomètres français. La vibration est bonne, les spiraux se développent bien et tout nous porte à croire que leur marche a été reconnue bonne à l'Observatoire de Paris.

5° Divers appareils de télégraphie électrique.

Tous ces instruments sont tellement simples et d'un usage si facile, que nous avons pu correspondre avec plusieurs personnes qui n'ont jamais vu que là les instruments de la télégraphie moderne.

Artistes horlogers français, arrêtez-vous devant la vitrine de M. Breguet; contemplez toutes ces reliques d'un grand artiste; que l'amour du beau vous enflamme; faites de belles montres, vous les vendrez; cherchez des améliorations, votre nom sera cité; si vous avez été incompris dans les expositions précédentes, avancez, avancez quand même, on vous suit!

ÉBAUCHES DE MONTRES.

Lorsqu'on veut établir des montres à Genève, à Fleurier, au Locle et à Besançon, etc., il faut toujours préalablement acheter les ébauches à des fabricants spéciaux, qui alimentent toutes les maisons faisant l'établissage de l'horlogerie. Il y a des fabriques d'ébauches à Beaucourt, à Berne, à Fontaine-Melon, à Porrentruy, à Travers, à Genève, à Cluse et dans toute la vallée du lac de Joux. Avec ces diverses productions, on fait les montres de toutes les qualités qu'on trouve dans le commerce.

Pour les plus belles pièces, on se sert de roulants et même d'échappements faits à la vallée. Autrefois, les maisons suisses terminaient seules ces genres d'un prix élevé; mais, depuis trois ou quatre ans, on en établit considérablement à Besançon, dans les principales maisons. Les plus belles pièces sont toujours offertes aux établisseurs les plus capables, et le reste est souvent vendu aussi cher aux fabricants qui ne sont pas horlogers.

Nous faisons à Besançon tous les genres suisses, répétitions, secondes indépendantes, Duplex, montres à échappements de chronomètre, etc. Aussi avons-nous la ferme conviction que les horlogers français, guidés par leur propre intérêt et par le patriotisme national, feront désormais tous leurs achats dans les bonnes maisons de Besançon.

M. Golay, du Sentier (vallée de Joux), a exposé une jolie collection de blancs roulants et avec échappements faits. On y remarque des remontoirs au pendant bien compris, des blancs de répétition très bien exécutés et à peu près tous les genres soignés.

M. Victorin Bousset expose également les mêmes genres et offre à nos fabricants un joli choix de mouvements soignés de toute sorte. Comme les horlogers s'arrêtent tous devant ces deux belles vitrines, nous regrettons l'absence de MM. Audemars, Lecoultre et des frères Piguet.

Si les beaux blancs de la vallée sont d'un fini irréprochable, comme poli et coups de lime, trop souvent ils pèchent contre les règles de l'art; on y trouve souvent des pignons de fausse grosseur, des pivots et des portées de pivots de beaucoup trop gros pour la vitesse des mobiles. Ceci prouve encore que le plus beau mouvement d'horlogerie ne peut être parfaitement fini que par un établisseur horloger et capable.

M. Jaccotet expose une série complète de blancs de son excellente fabrique : les remontoirs au pendant, les mouvements Nikel à roues d'or et beaucoup de jolis calibres pour ancre, font les éléments de sa jolie exposition. Ses barillets, ses arrétages, sont bien traités; le croisage de ses roues est très satisfaisant. On remarque encore ses beaux assortiments pour échappements à ancre.

Il est un écueil contre lequel il est bon de prévenir M. Jaccotet : en vendant ses blancs aux fabricants incapables, il expose ses produits à toutes les mutilations.

On vend déjà à prix réduits des montres ébauches Jaccotet. Elles ont bien encore l'aspect général de ses calibres, mais toutes les pièces sont estropiées et tendent à faire déprécier ses jolis produits.

MM. Frotté et Chalet, de Porrentruy, exposent aussi une jolie série d'ébauches et de blancs de leur fabrique. On voit dans leur vitrine des types de tous les genres, depuis le remontoir au pendant jusqu'au calibre le plus simple. Leurs dentures, leurs arbres de barillet, leurs vis, sont établis dans les meilleures conditions. Cette maison, toute nouvelle, rivalise déjà avec ses concurrents, et, comme M. Chalet est un horloger d'un talent remarquable, nous avons la conviction que cette fabrication s'améliorera chaque année et que notre fabrique continuera à lui devoir une quantité de ses meilleurs produits.

MM. Japy frères, de Beaucourt, et M. Louis Japy, de Berne, exposent comme toujours une jolie collection de blancs de montres communes et de pendules de toute espèce, des appareils télégraphiques. Ces messieurs, aujourd'hui trente fois millionnaires, ont eu toutes les récompenses possibles; ils ont été élevés jusqu'aux nues par les journaux et les rapports des expositions, parce qu'ils ont livré des blancs de montres simples à 3 francs 50 centimes, et d'autres à répétition à 7 francs 50 centimes. En facilitant ainsi la production à bon marché, ont-ils réellement rendu service aux horlogers en général et à la société? Telle est la question qui se reproduit à chaque exposition et qui toujours reste en suspend.

M. Meusy, pendant son séjour à la frontière suisse comme officier des douanes, a fait apprendre l'horlogerie à ses enfants; ils font très bien les échappements à cylindre, ils en exposent des échantillons qui sont très bien traités.

M. Chapuis, l'un de nos bons finisseurs de Besançon, expose des blancs roulants finis par lui dans les meilleures conditions.

L'école d'horlogerie de Genève expose une série des produits exécutés par les élèves de toutes les forces.

On remarque dans cette belle vitrine les petites pièces exécutées à la classe des demoiselles. Les travaux des élèves de trois mois, de six mois, etc. Toutes ces ébauches, tous ces produits, sont classés par rang de mérite et de valeur commerciale, depuis l'ébauche commune jusqu'aux mouvements fins de deux à 500 francs.

Les hommes qui réellement cherchent la vérité sur le prix du travail et la valeur des choses fabriquées, peuvent comparer la vitrine de l'école d'horlogerie de Genève à l'immense quantité d'horlogerie qui est exposée au Palais de l'Industrie; le travail de l'élève de trois mois ne vaut pas le produit de celui de trois ans: à côté d'une montre d'une valeur réelle de 20 fr., il y en a du même calibre qui valent 175 fr., etc.

Si tout le monde s'accorde à reconnaître qu'il est urgent d'établir une école d'horlogerie à Besançon, les artistes véritables hésitent maintenant à s'en occuper davantage, tant il leur paraît difficile de la composer convenablement, et tant on craint d'y voir entrer comme professeurs des nullités ou des négociants protégés n'ayant jamais construit une montre de leur vie (1).

(1) Ceux qui méritent le moins sont toujours les plus exigents!

OUTILS ET MACHINES

UTILES A LA FABRICATION DE L'HORLOGERIE.

Lorsqu'on ouvre une montre et qu'on examine la petitesse de certaines pièces, la perfection des dentures, le poli noir de chaque mobile d'acier, le vulgaire se demande en vain comment a-t-on pu exécuter des choses aussi délicates et aussi régulières que les pièces composant ce mécanisme ingénieux. Pour l'homme spécial, rien n'est plus simple : pour faire chaque pièce, il emploie une machine particulière; quand il a fini une montre, il en recommence une autre, comme le laboureur revient sur ses pas pour creuser un nouveau sillon.

Si les pièces d'horlogerie, même d'une qualité secondaire, donnent d'assez beaux résultats et sont d'un prix modéré à la portée de tout le monde, c'est à l'outillage moderne, abrégeant le travail de l'homme, qu'on doit ce progrès : aussi devons-nous une mention toute spéciale aux mécaniciens qui inventent et perfectionnent toutes les machines utiles aux horlogers.

Mme Vallangin de Lamarche expose une magnifique collection d'outils et machines de toute espèce. Ses produits sont bien confectionnés et indiquent, par leur

L'homme capable et digne attend qu'on le remarque; il n'arrive que lorsqu'il a su s'imposer à la confiance de ses concitoyens. (De Liman, Discours prononcé à la Préfecture du Doubs, 1857.)

grand nombre, que cette maison emploie la majeure partie de la population de sa commune.

M. Garnache (Philémon) expose aussi de très beaux produits; entre autres une jolie machine à fendre et à arrondir les pignons.

M. Garnache (Clément) a présenté aussi des machines bien traitées.

M. Petit (Pierre) construit encore très bien tous les mêmes objets.

M. Vallangin (de Paris) a de bons outils dans sa vitrine.

M. Guetal produit spécialement de bons outils en acier.

MM. Alphonse Gautier, Keigel et Émile Gautier, pour leurs petits outils, méritent encore d'être cités.

M. Cresnier expose aussi une belle collection d'outils de toute espèce.

M. Jules Erbeau a aussi des produits parfaitement traités.

Il nous reste à parler d'une des plus belles créations de l'esprit humain, des tours à guillocher. Ces machines sont dans le genre des tours-en-l'air ordinaires, seulement l'arbre est monté sur deux poupées mobiles retenues en place par la pression d'un ressort; une alidale, appuyant sur des roues dentées fixées à l'arbre principal du tour, déplace son centre de rotation au passage de chaque dent de ces roues, un burin, fixé à la partie solide de l'instrument, décrit sur le fonds des montres et sur leurs cuvettes ces jolis dessins ondulés et circulaires qu'on nomme *grain d'orge* et ces jolies ombres et damiers qu'on nomme *ligne droite*.

M. Droz a exposé plusieurs de ces belles machines, qui ont été achetées tout de suite.

M. Darier en a exposé une très belle aussi, qui a été également vendue.

Comme MM. les graveurs et guillocheurs restent propriétaires des recoupes qui tombent sous leurs burins, prions MM. Droz et Darier de construire des machines qui, tout en faisant de jolies décorations, puissent laisser plus d'or aux fonds déjà trop légers des montres qu'on établit aujourd'hui.

MONTRES MARINES OU CHRONOMÈTRES.

Une montre marine est l'instrument dont on se sert à bord de nos navires pour déterminer exactement le degré de longitude du point où l'on se trouve au milieu des mers.

Cet agent précieux assure la sécurité de nos équipages, le succès d'un combat naval et la conservation d'une flotte. Aussi ce n'est qu'après des épreuves sérieuses et répétées, qu'un chronomètre est acheté par l'État et par les armateurs.

Un bon garde-temps n'est pas celui qui suit à peu près le temps moyen marqué par une bonne pendule, mais bien celui qui avance ou retarde chaque jour régulièrement de la même quantité, et cela dans une période de plusieurs mois.

Un bon chronomètre possède une force motrice uniforme à tous les instants du remontage, un rouage composé d'engrenages parfaits qui transmettent, sans frottements variables, cette force à l'échappement; un échappement qui triomphe des petites anomalies du rouage, un spiral qui rend d'égale durée les grands, les moyens et les petits arcs de vibration que peut décrire le balancier, enfin un balancier compensateur des effets de la température, sur le ressort moteur, sur l'huile des pivots, sur le spiral et sur son propre diamètre, qui change d'une manière appréciable du chaud au froid.

Toutes ces conditions demandent tant de connaissances chimiques, physiques et géométriques, que très peu d'artistes osent établir des chronomètres; cependant, quelques maisons d'élite ont eu la bonne idée de nous envoyer leurs produits.

Si personne n'a encore eu l'idée d'essayer l'horlogerie nautique à Besançon, nous regardons toujours comme une bonne fortune pour notre population ouvrière, qui ne cherche même pas à s'instruire par quelques bonnes lectures, de voir cette horlogerie et de pouvoir se rendre compte de ces précieux instruments.

Si nous avons jamais à Besançon une *Faculté d'horlogerie*, comme il existe déjà des chaires publiques pour les sciences, etc., le professeur indiquera les règles à observer pour la construction de la chronométrie maritime. Si les jeunes horlogers vont suivre ses cours, on pourra implanter encore cette belle industrie dans nos murs; car, sans une connaissance parfaite des engrenages, de la dilatation des corps, des propriétés isochrones des ressorts spiraux réglants, on ne peut pas construire de véritables chronomètres!!

Vous savez tous, messieurs, que les chronomètres de marine sont portés dans leurs boîtes par une suspension dite *de Cardan*, qui laisse l'instrument dans une position toujours horizontale, nonobstant les mouvements du roulis et du tangage que les vagues de la mer impriment alternativement aux navires, et que ceci est une des conditions capitales de la régularité.

Vous savez aussi que, pour remonter une montre marine, il faut la renverser pour introduire la clef du remontoir, qui se trouve en dessous, à l'opposé de son cadran; vous comprendrez donc que, si le balancier compensateur d'une montre marine doit conserver toujours une position identique et invariable, on aura fait un pas vers la perfection en supprimant le renversement de la pièce pendant l'opération du remontage.

M. Huard, constructeur de chronomètres, à Versailles, paraît avoir résolu cet intéressant problème.

M. Huard place son balancier au centre de son mouvement, sur la petite platine, du côté du cadran. La grosse platine est montée sur une tige solide fixée au fond de la caisse du mouvement : cette tige possède un pignon qui engrène dans une roue portée par le carré de l'arbre de fusée et assez solidement fixée pour opérer le remontage de la pièce. Une petite manivelle placée en dehors du cadran sert pour remonter le chronomètre, en faisant tourner tout le mouvement sur lui-même : de cette manière, lorsque l'instrument marche, la roue ajoutée à la fusée agissant à son tour sur le pignon central fixe, fait tourner encore, de la même quantité que pour le remontage, le mouvement, qui fait sur lui-même un tour en trois heures.

2.

M. Huard monte, comme tous ses confrères, ses caisses de chronomètres sur la suspension horizontale de Cardan, parce que son balancier, au centre de ses pièces, ne possède de propriétés particulières qu'à la condition d'être toujours en équilibre, quoique ses rayons changent de position toutes les trois heures.

La seule objection qu'on puisse faire sur ce système, c'est le déplacement continuel du cadran; mais, avec un peu de complaisance, l'observateur pourra très bien se retourner et se placer en face des chiffres pour lire l'heure.

L'expérience n'a pas encore prononcé sur cette idée qui séduit tous les artistes qui ont visité l'Exposition; aussitôt qu'il se présente une innovation propre à améliorer la chronométrie maritime, l'auteur doit être récompensé et encouragé.

M. Paul Garnier, dont vous avez tous vu le nom sur les horloges des gares de plusieurs de nos chemins de fer, expose un chronomètre de marine d'une conception hardie et d'une exécution qui caractérise les produits de cet artiste éminent, le fondateur de l'horlogerie électrique.

M. Garnier a construit pour cette pièce un échappement à force constante ainsi composé : le pignon de la roue d'échappement porte deux roues; l'une dentée, qui fait tourner le pignon d'un volant à deux bras qui fait arrêt et dégagement sur l'axe d'une détente; l'autre roue, à longues dents, remonte en échappant une détente qui donne, en retombant, une impulsion uniforme au balancier. Le balancier n'éprouve d'autre frottement ou résistance que dans l'action de dégagement d'une autre détente sur laquelle s'arrête la détente principale, qui, en retombant, laisse fuir le volant. Cette pièce marche ouverte. Nous engageons les artistes à bien l'examiner et à en étudier les effets.

M. Breguet a exposé deux jolis chronomètres de marine. C'est toujours le même fini d'exécution des anciens ouvrages de sa maison, ainsi que nous l'avons déjà dit dans un article spécial.

M. Scharf, de Saint-Nicolas-d'Aliermont, a exposé quatre chronomètres de différentes grosseurs. On remarque surtout le plus petit, qui a une marche très vibrante. On dit que cet exposant a remporté une prime au dernier concours du dépôt de la marine à Paris.

M. Victor Kulleberg, de Londres, expose aussi des chronomètres; ils sont plus gros que les pièces françaises, les aciers sont parfaitement limés et les platines ont un adouci moiré admirable. Présumant que leur marche répond au coup-d'œil, que M. Kulleberg reçoive nos sincères compliments. Le même auteur expose trois grosses montres de poche de 7 à 900 francs, qui sont bien traitées et d'une solidité qui distingue tous les travaux de nos voisins d'outre-mer.

M. Bussard, horloger à Versailles, expose un joli chronomètre de marine et deux ébauches sur le même calibre. Ces pièces sont si bien limées, l'exécution est si belle, que ses propres concurrents disent tous : c'est vraiment d'une grande perfection de main-d'œuvre; mais aussi, à quel prix peut-il livrer de semblables instruments? Au chapitre des montres de poche, nous reviendrons sur les mouvements véritablement hors ligne de cet artiste, l'un des anciens maîtres de l'école de Versailles, du temps de M. Benoît, aujourd'hui directeur de l'école de Cluse.

M. Herliez fils, de Versailles, a passé quelque temps à Cluse. Il expose ses travaux d'élève : un essai de chronomètre nautique assez bien exécuté, de gros modèles des principaux échappements servant à la démonstration de leurs effets ; une quantité de mouvements de montres et un essai d'échappement dit à balancier tournant. Ceci est de l'invention de M. Benoît, qui l'a exécuté admirablement sur une montre du plus grand prix, faite pour monseigneur le comte de Villafranca, ex-duc de Parme. Nous avons été en relations avec ce prince, qui habitait Paris en 1855. C'est un grand amateur d'horlogerie ; il aime les artistes et les encourage. Voici l'explication de cet échappement :

Sur le pivot prolongé de la roue d'échappement, qui ressemble aux roues de l'échappement à détente ordinaire, est montée une virole servant à fixer un des bouts du spiral, la pierre et le contre-pivot d'en bas du balancier. Le balancier, monté sur une tige droite et sans aucune levée, est placé sur cette virole que porte le pivot de la roue d'échappement, tourne aussi dans un coq ordinaire ; le spiral est fixé au balancier et non au coq. Une petite détente, avec double repos comme une pièce d'échappement à ancre, est poussée par un léger ressort qui la retient en prise avec les dents de la roue et l'empêche de défiler. Quand le balancier est mis en mouvement, pour la vibration qui oscille dans le sens de la marche de la roue, la détente reste fixe pour l'arrêter ; mais, quand il oscille dans le sens contraire à la force de la roue, il l'a fait reculer par la seule force du spiral qui tire sur son pivot, et c'est en reculant ainsi qu'une dent de la roue appuie sur un des bras de la petite pièce d'ancre, la dégage et laisse passer une nouvelle dent. Cet échappement vibre plus que tous les autres échappements connus. Le balancier ne reçoit ni choc ni frottements ; il est mis en mouvement par le spiral, et c'est aussi la force du spiral qui opère le dégagement en faisant reculer la roue.

La copie que M. Herliez expose n'est qu'une étude d'un jeune homme de 18 ans ; mais on voit, par son exposition, ce qu'on peut attendre des écoles professionnelles dirigées par des artistes véritables, joignant une théorie rigoureuse à la perfection du travail manuel.

M. Chevassu, horloger à Brest, expose un chronomètre de marine qu'il a exécuté de toutes pièces. Si on réfléchit aux difficultés qu'on éprouve pour construire de semblables instruments, on reconnaîtra à M. Chevassu un talent incontestable. Nous l'avons visité au mois de mai dernier ; nous avons vu son outillage qu'il a fait lui-même, et nous l'avons engagé à envoyer sa pièce marine à l'Exposition, ne fût-ce que pour stimuler l'émulation chez les horlogers des provinces.

PENDULES REMARQUABLES.

Quoique la régularité soit plus facile à obtenir avec une pendule que par une montre quelconque, il y a encore beaucoup de règles à observer pour construire une bonne pendule astronomique ou régulateur. Si le poids d'une pendule tire également sur un cylindre parfait où s'enroule la corde, il existe toujours des imperfections d'engrenages, quelques légers frottements et des changements d'état des huiles qui nécessitent un échappement à repos corrigeant en partie ses anomalies et les petites inégalités de la force motrice. Pour bien construire un échappement de régulateur, il faut combiner les proportions des pièces de manière à rendre le rouage complètement esclave de la puissance des oscillations du pendule ou balancier, et donner à ce balancier une suspension telle, qu'elle le laisse osciller d'une manière parfaitement isochrone, pour les grands, les moyens et les petits arcs qu'il peut décrire, dans les divers états de la machine, sous toutes les influences possibles.

Ces conditions ne suffisent pas encore, il faut adapter aux pendules une compensation bien réglée des effets de la température sur l'huile des pivots et sur la dilatation ou la contraction de la lentille et de la tige qui la tient suspendue.

M. REDIER.

SON PENDULE CONIQUE.

M. Redier, élève du fameux Duchemin que tous les amis de l'art ont connu, expose une magnifique collection de réveils, de compteurs à secondes, de montres d'habitacles et un choix de petites pendules du meilleur goût, quoique d'un prix très minime.

Si M. Redier vient à l'Exposition comme représentant d'une des grandes industries de la capitale, nous sommes heureux de le retrouver toujours artiste consommé et innovateur sérieux.

Au centre de son exposition, on remarque un superbe régulateur à compensation naturelle par le mercure. M. Redier place au bas de la tige de son pendule deux plateaux sur lesquels il place deux cylindres en cristal contenant une certaine quantité de mercure. Ce corps étant très dilatable, en augmentant ou diminuant le poids du liquide, on arrive à déterminer la quantité qu'il en faut pour obtenir une compensation parfaite : quand la chaleur allonge la tige du pendule le mercure remonte dans les cylindres et, réciproquement, pareil phénomène s'opère, en sens inverse, par le froid. Un régulateur à peu près semblable figurait à l'Exposition universelle, il était de sir Ch. Frodsham de Londres, et M. Pêche, horloger de la marine à Nantes, qui le possède depuis, prétend qu'il donne des résultats extraordinaires. Nous félicitons donc M. Redier de rappeler en France ce mode de compensation qui semblait abandonné sans doute parce qu'il n'avait pas été bien compris.

M. Redier expose encore un instrument remarquable, c'est un indicateur précis de la vitesse des machines à vapeur. Si une locomotive, une machine quelconque doit faire 120 tours à la minute et que le chauffeur soit obligé d'entretenir cette vitesse constante. L'instrument étant réglé pour le nombre de tours voulu et l'aiguille fixée à zéro du cadran : si la machine va trop vite l'aiguille tourne à droite, et si elle tourne trop lentement elle se dirige vers la gauche. Vous sentez tous, Messieurs, quels services on peut attendre d'une pareille invention.

Vous savez sans doute que la première application du pendule conique appartient au célèbre Huyghens.

Le pendule conique règle l'horloge sans échappement saccadé, puisque le dernier mobile du rouage fuit comme un volant de tournebroche et porte un doigt qui met le pendule en mouvement et le fait tourner et décrire des oscillations circulaires. Avec les anciennes suspensions l'application du pendule conique présentait de sérieuses difficultés : M. Redier emploie une suspension à quatre lames dite de Cardan; ce système a la propriété de laisser une entière liberté au pendule et la facilité de le faire décrire tel cercle d'oscillation qu'on veut.

Tout le monde s'arrête devant une admirable horloge à pendule conique exposée par cet artiste. Le pendule est suspendu au haut de la boîte et le mouvement est au bas placé horizontalement. On voit dans un des rayons du cadran principal un petit cadran où se trouve une aiguille de secondes courantes et sans saccades; sur un autre rayon le cadran des heures, minutes et secondes fixes, au centre passe le pivot du dernier mobile ou volant, sur lequel se trouve une légère aiguille qui fait tourner le pendule.

A première vue, on pourrait croire que le pendule, ainsi mis en mouvement par l'aiguille du volant, doit, après un certain temps, accélérer sa vitesse d'après les lois ordinaires des corps mobiles; mais après un moment d'hésitation, bien légitime à tous égards, on reconnaît que les lois de la gravitation sont les mêmes pour le pendule conique comme pour le pendule ordinaire et que leurs oscillations sont les mêmes, avec cette seule différence que le pendule conique met deux fois plus de temps à faire une oscillation circulaire entière que le pendule ordinaire pour son oscillation complète. Ainsi un pendule battant la seconde, appliqué à l'horloge ordinaire, mettra deux secondes pour accomplir une oscillation circulaire sur l'appareil à pendule conique (1).

PROPRIÉTÉS DE CE PENDULE.

Maintenant qu'on cherche l'application de l'heure uniforme du méridien de Paris pour tout le réseau de nos chemins de fer, qu'on peut, par la télégraphie électrique, transmettre instantanément l'heure d'un observatoire à un autre et donner, à de grandes distances, l'heure d'un lieu quelconque, soit pour vérifier sa longitude, soit pour vérifier l'heure de la pendule normale d'un autre observatoire, le pendule conique donne aux savants des moyens précis d'observations inconnus jusqu'à ce jour.

(1) Tenant beaucoup aux principes d'horlogerie que nous avons toujours expliqués dans nos écrits, nous ne reconnaissons pas au pendule conique, mis en mouvement par son extrémité inférieure, la propriété de régler une horloge à longue marche aussi bien que le pendule ordinaire employé généralement dans les régulateurs; il faudrait des expériences concluantes pour nous faire changer d'opinion : en dehors de la régularité soutenue, le pendule conique a déjà assez de propriétés scientifiques.

Exemple. — Le mouvement placé au-dessous du pendule conique peut, à volonté, être mis en mouvement au moyen d'une manivelle extérieure et tourner sur lui-même à droite ou à gauche, suivant le besoin de l'observation. Le pendule conique tournant de gauche à droite, si on fait tourner le mouvement avec la même vitesse et dans le même sens que lui, comme le doigt du volant qui conduit ce pendule restera toujours dans la même situation par rapport au cadran de la pendule, le pendule aura beau tourner longtemps, les aiguilles n'auront pas avancé d'un centième de seconde. Si au contraire on fait tourner le mouvement de droite à gauche dans le sens opposé à la course du pendule, les aiguilles avanceront de la quantité dont on peut avoir besoin dans l'observation.

On pourra donc faire avancer ou retarder cette horloge d'une quantité quelconque et facile à mesurer.

Admettons un pendule conique d'une longueur à faire un tour par seconde, il suffira de faire tourner le mouvement d'un centième de tour vers la droite pour faire retarder la machine d'un centième de seconde, et de le déplacer d'un centième de tour à gauche pour le mettre en avance d'un centième de seconde.

On comprend donc combien une horloge type à pendule conique placée dans un observatoire peut donner de précision dans la transmission électrique de l'heure, la minute, la seconde et ses fractions, ce qui était impossible avant l'application de M. Redier.

Cet exposant nous a fait voir encore un instrument propre à mettre en parfaite coïncidence deux instruments chronométriques quelconque, et qui donnerait aux observations horaires faites à bord de nos navires une précision qu'elles n'ont pas toujours, alors surtout que les commandants des vaisseaux confient ce travail à des employés inexpérimentés. — Telle est la partie scientifique de cette intéressante exposition; le succès qu'elle obtient déjà auprès du public est d'un heureux présage pour M. Redier.

M. DETOUCHE.

Longtemps, pendant les siècles du moyen-âge, les rois habitaient des forteresses inabordables, d'énormes grilles de fer garantissaient les fenêtres, des armures et des instruments de mort pendaient à tous les lambris. Le temps et la civilisation ont fait justice de toutes ces impuissantes tourelles. Aujourd'hui la demeure du souverain a changé d'aspect, elle est ouverte à toutes les intelligences, c'est en quelque sorte le panthéon des arts, des sciences et de l'industrie de chaque nation. Versailles, Fontainebleau et le nouveau Louvre ne sont-ils pas autant de musées superbes qui font l'admiration du monde entier. Les visiteurs de l'Exposition de Besançon qui s'arrêtent devant les produits de M. Detouche ont sans doute déjà compris pourquoi cet industriel remarquable a été nommé fournisseur de Sa Majesté l'empereur.

Jamais on n'a vu dans aucun magasin des villes capitales un plus grand choix d'objets divers et une si grande quantité de pendules astronomiques toutes aussi remarquables et de tant de genres différents.

A gauche de l'estrade de M. Detouche on voit sa magnifique pendule astronomique à secondes marquant le lever, la hauteur et le coucher du soleil, les phases et l'âge de la lune, l'équation du temps, un quantième perpétuel, l'heure des principaux points du globe, etc. Elle est entourée de figures allégoriques en bronze mat, le fond est une magnifique glace de Bohême. Son balancier est pourvu d'une compensation qui paraît de nouvelle application. La tige principale du pendule est en acier, deux tiges semblables, mais en laiton, figurent de chaque côté, elles sont fixées, par le haut, à la tige principale et par le bas elles agissent sur deux leviers dont on règle les rapports au moyen d'une vis de rappel. Lorsqu'elles s'allongent par la chaleur, les leviers relèvent la lentille de la quantité voulue pour corriger les variations, et pareille correction en sens inverse s'opère par le froid. Cette pendule toute dorée mat est d'une hauteur de 3 mètres sur 90 centimètres de largeur, elle vaut *trente mille francs*, et on peut dire que c'est une des merveilles de l'Exposition.

Un peu à droite de cette superbe pièce se trouvent deux autres magnifiques régulateurs plus simples, mais cependant d'un très grand prix ; un autre régulateur n'est pas achevé, il figure comme ébauche. En outre, on admire encore un magnifique régulateur genre rocaille en bronze doré d'une hauteur de 1 mètre 90 centimètres, deux gracieux enfants en bronze naturel lui servent d'ornements ; cette pièce est d'un goût remarquable et ne laisse rien à désirer sous le rapport du dessin et de l'exécution, elle vaut 5,000 francs.

Une des pièces les plus remarquables au point de vue

de la science moderne est bien sans contredit son régulateur électrique, qui est à la fois récepteur et distributeur; c'est cette pendule qui communique l'action de la pile ou cadran électrique qu'on remarque dans l'une des galeries supérieures de l'Exposition avec lequel elle est toujours en coïncidence parfaite.

On remarque également, au milieu des divers produits de cette maison, des régulateurs de cheminées d'une richesse incomparable dont l'un vaut 10,000 fr.

L'un d'eux porte un échappement d'une application très récente, il est à chevilles et à détente tout à la fois, une cheville passe toutes les deux vibrations, et par cette combinaison l'aiguille montée sur l'axe de la roue d'échappement marque les secondes fixes. Nous avons vu un seul échappement semblable exécuté à Amsterdam par M. Van-Arken, horloger du roi des Pays-Bas. Au centre de la seconde estrade on remarque la magnifique horloge construite pour le Conservatoire des Arts et Métiers de Paris.

Cette pièce est à remontoir d'égalité à engrenage et pourvue de l'échappement de Graham. La nuit elle répète l'heure à chaque quart; elle est d'un fini admirable et la perfection des engrenages est telle que lorsque le rouage court on n'entend aucun bruit.

Lorsqu'on examine l'exposition de M. Detouche, on reconnaît que s'il est possible d'obtenir de pareils ouvrages, la plus grande difficulté consiste à s'entourer des hommes capables d'exécuter de semblables merveilles. Nous savons que pendant longtemps M. Oudin a été l'âme de cette colossale fabrique d'horlogerie : cet artiste emporte dans sa retraite les souvenirs de toute la

France chronométrique, mais nous avons vu le successeur de M. Oudin à l'œuvre, et nous félicitons M. Detouche d'avoir attaché à sa fabrique un artiste aussi remarquable que M. Jules Calame.

M. Pescheloche expose une pendule d'après le système de feu son estimable père, horloger à Epernay. Cette pendule est pourvue de son mécanisme ingénieux par lequel la force motrice du ressort est modérée et équilibrée par l'excédant de cette même force. Dans le temps cette application fut publiée, les horlogers n'y comprirent rien, les savants seuls s'en occupèrent, et le modérateur Pescheloche fut expliqué dans les cours de physique. Mais le commerce n'utilisa pas cette invention. M. Pescheloche construit aussi des montres sur ce principe, elles marchent huit jours et sont très goûtées en Angleterre.

M. Paquet expose deux régulateurs dont l'un est à compensation naturelle par le mercure et l'autre pourvu d'une tige de pendule en bois de sapin. Ces deux instruments paraissent très bien traités ainsi que des pendules de voyage, des métronomes, etc., composant l'exposition de cet horloger.

M. Anquetin, horloger à Paris, expose deux jolies petites pendules avec le cadran mobile de son invention, avec lequel on sait l'heure et la minute des principales villes de France et de l'univers. Cet artiste est un travailleur intrépide et consciencieux, sa pendule a de l'avenir et nous désirons la voir accepter par les amateurs de l'art.

M. Thomas expose deux petites pendules à longue marche (il y en avait de semblables à l'Exposition de

1855). Son balancier seul diffère des pendules ordinaires, il est composé de deux lentilles branlantes au-dessus du mouvement ; ce balancier oscille très lentement, et c'est par là qu'on obtient un an, dix ans, vingt ans de marche suivant la longueur des tiges des deux lentilles.

M. Bailly expose des pendules de cheminées à quantième perpétuel marquant même le 29 février des années bissextiles, elles marquent les phases de la lune, et paraissent parfaitement traitées.

M. Chaudé, horloger de l'Empereur, possède au Palais de l'Exposition deux pendules de cheminées parfaiment traitées. L'une marque l'heure sur un cercle, dans l'intérieur duquel tourne la sphère terrestre, sur laquelle sont figurés géographiquement tous les pays du monde. Cette sphère nous a paru tourner d'une manière fixe et équinoxiale ; seulement, avec cette pendule, on peut voir l'heure qu'il est aux Antipodes quand il est telle heure sur les points de l'autre hémisphère.

Le travail géographique est aussi beau que le mécanisme horaire, la projection est bonne, les longitudes paraissent très exactes et la figuration des côtes est parfaite. De semblables pendules devraient toujours exister dans les colléges pour familiariser la jeunesse avec les phénomènes de la rotation du globe terrestre par rapport à la division du temps.

M. Bernard, horloger à Troyes, a envoyé au concours une pendule à équilibre constant. Cette idée nous a paru très ingénieuse, la voici : Sur la tige d'acier qui porte l'ancre des pendules, il place la fourchette de manière qu'elle puisse tourner à droite et à gauche au moyen d'un ancliguetage fixé sur la tige principale, et d'un autre encliquetage fixé à la fourchette et portant le pivot de la tige qui agit du côté du balancier, de cette manière, les deux pivots de la tige sont indépendants, l'un est fixé sur la tige, l'autre est bien concentrique, mais tient au second encliquetage ; ces encliquetages sont très doux, et cependant ils ont assez de force pour entretenir le mouvement de la pendule, la force de la roue sur l'ancre est plus forte que la résistance de ces deux rochets et de leurs cliquets, de sorte que la pendule prend seule son équilibre ou son aplomb.

M. Faret a présenté un joli choix de pendules de cheminées avec sujets en bronze, ses marbres algériens sont très goûtés du public.

M. d'Aubrée a embelli notre Salon d'un joli choix de bronzes d'art admirables qui seront l'objet d'un rapport séparé dans la section des beaux-arts.

M. COLIN.

M. Colin, successeur de Wagner, a une exposition hors ligne, sa plus belle pièce est une magnifique horloge publique commandée par la ville de Paris, pour la nouvelle tour de Saint-Germain-l'Auxerrois du Louvre. Cette machine superbe est le type de la grosse horlogerie de l'Exposition de 1860, aucune autre n'est mieux traitée au point de vue de l'art comme sous le rapport de l'exécution.

Un remontoir d'égalité à engrenage, mais excentrique, agit toujours uniformément sur la roue d'échappement.

La roue d'échappement repose sur une détente ; lorsque cette première détente de droite est soulevée, la roue pousse une autre détente à contre-poids dont la pesanteur égale et normale agit seule au moyen d'une fourchette d'un côté seulement de la tige du balancier. On doit attendre une grande régularité d'une telle horloge, car son échappement qui paraît très compliqué est très simple au fond, puisque c'est un contre-poids invariable comme pesanteur qui anime le pendule réglant ce magnifique instrument.

M. Colin a voulu montrer aux visiteurs de notre belle Exposition un échantillon de tous ses produits, horloges simples, horloges électriques, compteurs, métronomes, enfin tout ce qui a rapport à la grosse horlogerie est étalé aux regards du public, qui s'arrête en foule devant les gradins de cet industriel recommandable à tous égards.

M. Fumey, de Foncine, présente une petite horloge aussi avec un remontoir d'égalité d'une composition très ingénieuse, et c'est encore la chute d'une boscale à contre-poids qui met le balancier en mouvement, la roue d'échappement ne sert absolument qu'à remonter cette détente. Comme exécution manuelle, cet échappement est très gracieux et bien fini.

M. Hirt, de Nantes, est un horloger d'un autre genre, il envoie deux horloges très simples, l'une avec un échappement à chevilles et à détente tout à la fois ; l'autre avec un nouveau remontoir d'égalité, agissant seulement sur l'axe de sa roue d'échappement ; cette combinaison très simple a cependant beaucoup intrigué le public. Ces deux pendules nous ont encore paru propre à donner un excellent résultat.

RÉFLEXIONS SUR LES REMONTOIRS D'ÉGALITÉ.

L'impossibilité de transmettre d'une manière régulière et uniforme la force motrice d'une horloge depuis la grosse roue jusqu'à l'échappement, a donné l'idée de construire tous ces appareils toujours compliqués qu'on nomme force constante ou remontoirs d'égalité.

En horlogerie la force constante est impossible ; on a cependant essayé de l'obtenir de deux manières : 1° en plaçant le remontoir d'égalité dans le rouage, et pour cela on a emprunté au rouage principal une partie de son action pour l'employer à remonter, soit un ressort, soit un poids, qui paraissent agir uniformément sur le dernier mobile ou roue d'échappement ; 2° en plaçant le mécanisme dans l'échappement même, mais ici, comme dans le premier cas, on peut bien corriger les grandes irrégularités de la force motrice, mais il restera toujours les inégalités de dégagements des détentes et autres pièces composant le mécanisme. A la vérité, sur des horloges bien faites pourvues par ailleurs de tous les éléments de régularité, ces appareils ont produit des résultats magnifiques, mais si on disait aux auteurs de toutes ces belles machines dont les effets sont un énigme pour beaucoup d'horlogers comme pour le public : supprimez tout cet attirail coûteux, remplacez tout cela par un échappement à repos ou à vibrations libres bien exécuté et votre horloge marchera aussi bien, beaucoup n'y consentiraient sans doute pas, mais ceux qui le feraient consciencieusement s'en trouveraient bien.

De grands artistes adoptent les remontoirs pour les horloges de tours, parce quelles sont, disent-ils, exposées à la poussière ; si le rouage fort et solide d'une horloge craint la poussière, quel désastre elle doit produire sur les pivots, sur les points de contact toujours délicats des remontoirs dans le rouage comme dans l'échappement.

Pour faire un échappement d'horloge qui règle toujours bien, il suffit de faire les bras des ancres et des pièces d'échappements beaucoup plus courts qu'on ne les fait ordinairement. Par suite de ce principe très connu mais très peu appliqué, que l'échappement le meilleur est celui où les repos se font plus près du centre de la pièce d'échappement, avec cette conséquence que le balancier rapproche plus du pendule libre et théorique et que l'isochronisme est moins troublé.

M. Damiens expose de très beaux régulateurs ; ces pièces sont de l'horlogerie sérieuse et bonne, la compensation des effets de la température est la même que celle des belles pièces de la maison Detouche ; il doit y avoir une priorité en faveur de l'un de ces exposants, mais n'ayant jamais eu l'honneur de parler à ces deux artistes, nous ne savons pas à qui nous devons cette belle application du compensateur.

Avant de quitter l'exposition des pendules astronomiques et toutes les horloges magnifiques exposées cette année, nous devons nour arrêter devant l'exposition du créateur de l'horlogerie électrique, M. Paul Garnier. Si nous voyons déjà au coin des rues des grandes villes, sur les lanternes des becs de gaz, et sur les monuments publics, des cadrans dont l'heure uniforme et invariable leur est transmise par une seule horloge type, c'est M. Paul Garnier qui a indiqué, expliqué et éxécuté les premiers appareils de cette heureuse conquête de l'homme sur l'électricité. Maintenant que la voie est ouverte, que chacun y travaille, nous ne doutons plus que ce système horaire n'arrive à la perfection. Les nouveaux appareils exposés par cet artiste suffiraient seuls pour lui valoir les plus grands éloges, mais son exposition de petites pendules de voyage lui vaudra encore une grande faveur auprès du public et des artistes en général.

L'abbé Guichené, curé de Saint-Miard (Landes), a employé l'électricité pour faire sonner l'heure d'une petite pendule type sur toutes les cloches d'une ville, pourvu toutefois qu'il y ait dans chaque tour une sonnerie pareille à celle de toutes les horloges et de la même force; à cela il ajoute une petite machine assez compliquée, qui est mise en marche par une détente électrique et dégage la détente de la sonnerie des clochers. Cette application aurait l'avantage de faire sonner en même temps toutes les horloges d'une localité.

On ne peut quitter l'exposition des pendules sans s'arrêter devant la belle vitrine de pendules de voyage exposées par M. Drocourt, il en est de même des petites pendules de commerce de M. Farcot. Quelques personnes ont aussi remarqué une jolie petite pendule à jour, d'un joli travail, exposée par M. Dayt, de Châlon.

Toutes les dames et tous les simples curieux qui visitent les expositions pour les choses à grand effet extérieur, s'arrêtent devant la charmante pendule-volière de M. Bontemps, de Paris. Un arbuste étend ses branches sur la pendule qui est aussi borne-fontaine, ses fleurs sortent de leur calice, des oiseaux chantent et s'agitent en tous sens ; à chaque visiteur de distinction, il faut une représentation : on tire le bouton mystérieux, aussitôt les hôtes de la volière se livrent à leurs ébats joyeux. Le bengali et le rossignol font entendre leurs douces voix, et, pendant qu'un autre volatile dévore une mouche, un troisième boit démesurément l'eau qui coule de la fontaine. Ce joli joujou accuse chez son auteur de grandes connaissances mécaniques, longtemps son nom vivra chez la jeunesse Bisontine qui entraîne chaque jour les parents vers cet objet de prédilection.

O Vaucanson ! toi qui créas un homme en bois qui jouait de la flûte, te voilà dépassé !

M. Furderer, de Strasbourg, M. Reiss, de Colmar, et M. Haas (de la Forêt-Noire), exposent une quantité de produits de la Forêt-Noire et de leur propre fabrication. Chaque petite pendule possède son automate, qui ouvre sa porte, chante ou travaille et rentre quand l'heure a fini de sonner. D'autres sont surmontées d'un zouave ou d'un chasseur de Vincennes qui sonnent la charge. Et des coucous, il y en a en masse à l'Exposition !

Deux autres pièces de l'exposition de M. Furderer attirent les regards des curieux et laissent quelques craintes chez une partie de la population.

Ici, c'est un vieillard, gargantua germanique, qui dévore jour et nuit un énorme plat de pommes-de-terre.

Là, c'est un singe qui se fait si bien la barbe, que tous les barbiers de cette ville redoutent qu'il lui prenne envie de raser tous les Bisontins.

MM. Prêtre, père et fils, à Rosureux, ont placé dans l'annexe de l'Exposition une très-bonne horloge de tour; l'exécution est simple et fidèle et l'ensemble est satisfaisant.

M. Marcilly, horloger à Meaux (Seine-et-Marne), a envoyé à l'Exposition un petit chevalet très-ingénieux, très-sûr et fort commode pour suspendre les mouvements de pendules pendant l'épreuve du réglage. Le chevalet de M. Marcilly saisit les mouvements de pendules par le pied qui se trouve entre les deux barillets; on l'emploie également avec succès pour suspendre les mouvements carrés, et on prend l'aplomb du balancier plus facilement qu'avec tous les anciens instruments de ce genre. Cet appareil très-précieux pour les horlogers qui font les réparations des pendules, coûte quelque chose comme 1 fr. 50. Nous avons essayé ce petit chevalet et nous engageons tous nos confrères à en demander une demi-douzaine et ils en seront très-satisfaits.

Nous avons décrit toutes les pièces de grosse horlogerie qui nous ont paru avoir de la valeur pour l'art et pour les consommateurs. Nous avons discuté le mérite de chaque objet, non pas comme le journaliste qui envoie tel et tel artiste à la postérité moyennant 1 franc par ligne de louange banale, mais comme un ami de son art recherche et publie ce qui lui paraît propre à l'instruction de la jeunesse et à stimuler l'émulation.

Si nous avons oublié quelques objets cependant remarquables, si nous ne citons que les beaux produits classés jusqu'à ce jour, ceux qui ne nous ont pas montré leur travail et ceux qui ne sont pas encore arrivés au

Palais de l'Exposition, ne pourront accuser que leur propre négligence; nous les retrouverons à une autre exposition, si Dieu nous donne la satisfaction d'assister encore à un concours si grandiose et si instructif.

La fabrication de la pendule paraît avoir atteint l'apogée de la perfection. Penduliers, travaillez toujours, la perfection s'élargit avec les idées, notre art doit grandir encore, avancez!

1er août 1860.

1855 COMPARAISONS. 1860

L'horloger sérieux et de bonne foi, qui a bien étudié l'horlogerie de 1855, qui se souvient de toutes les belles pièces exposées par Genève et les divers cantons Suisses, a dû constater, à cette époque, la supériorité de la Suisse sur la fabrication des exposants de Besançon. Cependant cette supériorité était plus apparente que réelle en effet : sauf trois ou quatre exposants, toutes ces belles vitrines de montres fines, tous ces chronomètres de poche n'étaient pas du tout le produit individuel de chaque exposant, tout cet attirail éblouissant sortait des ateliers de la vallée du lac de Joux près Pontarlier. A cette époque la Suisse seule avait le monopole du placement de cette horlogerie fine. La fabrication de la vallée ne suffisant pas à alimenter les comptoirs suisses, il était sinon impossible, du moins très difficile de se procurer un beau blanc de montre pour le terminer à Besançon. Quand nous en avons eu besoin, il nous a fallu aller les chercher nous-mêmes, à grands frais ; gravir des montagnes inaccessibles, au risque d'être enseveli sous les avalanches, et rendu là, rien de prêt à emporter.

La crise commerciale d'Amérique d'abord, ses conséquences immédiates sur les banques européennes, la guerre et le manque de récoltes sur plusieurs points du globe, ayant considérablement ralenti la fabrication Suisse, beaucoup des principaux sujets ont émigré à Besançon et les beaux blancs de la vallée et de Jaccotet font maintenant les éléments de la fabrication de nos principales maisons, de celles qui ont su inspirer assez de confiance aux horlogers pour leur fournir ces genres d'un prix élevé.

Pour se convaincre de cette vérité, il suffit de jeter un coup-d'œil sur les vitrines de l'Exposition Bisontine; cinq à six des principales maisons suisses ont exposé, regardez leurs produits, ce sont toujours de magnifiques pièces bien finies comme celles que vous avez vues à l'Exposition de 1855. Retournez-vous et vous verrez toutes les mêmes pièces et les mêmes genres dans les vitrines des horlogers de Besançon.

Nos voisins de la belle Helvétie voudront bien eux-mêmes nous rendre justice, et nous sommes certains qu'ils renonceront peu à peu à exploiter la France qui pourrait déjà se passer d'eux. Si de vieilles habitudes et la manie qu'ont certains horlogers de vanter toujours les montres étrangères, auprès de leurs clients, étaient détruites, il est certain qu'ils n'y pourraient plus avoir aucune chance de succès.

En voyant si peu de maisons suisses au concours de 1860, il est facile de reconnaître que messieurs les fabricants de ce pays, n'ayant plus d'intérêt à se montrer à la France, semblent déjà l'abandonner, mais il est une chose que les Suisses ne dédaignent pas, c'est l'honneur ! S'ils ne sont pas venus en masse à l'Exposition, ne serait-ce pas parce qu'on les a froissés lors de l'Exposition de 1855 ? Tous les horlogers, qui pour leurs affaires, leur instruction ou leurs plaisirs ont visité les montagnes Neuchâteloises, connaissent Richard du Locle. Demandez à voir le meilleur horloger, les plus beaux ouvrages, etc., tout le monde vous conduit chez Richard, son nom est une des gloires de ce pays.

Il était venu à l'Exposition de Paris plutôt pour faire plaisir à ses amis que pour chercher une récompense; il présentait deux pièces seulement, son régulateur et un chronomètre de poche : ces deux magnifiques objets feraient pâlir l'horlogerie de bien des artistes, et cependant il s'est trouvé un journal se disant assez chronométrique pour blâmer et aplatir les travaux de l'artiste Neuchâtelois !! L'auteur de ces articles contre M. Richard n'est pas sans doute à regretter de les avoir écrits. Cette fois plus que jamais, il est placé entre ses abonnés qui le font vivre et le devoir qui laisse quelquefois mourir de faim, aussi pensons-nous qu'il s'abstiendra !!

MONTRES.

M. Adler expose une collection de montres or et argent. Il eût pu farder sa vitrine avec des montres émaillées et autres genres à effet, il présente les produits de sa fabrication ordinaire tels qu'il les livre au commerce et nous l'en félicitons sincèrement.

M. Antoine a suivi la même ligne de conduite, il expose ce qu'il fait, ce qu'il vend en montres or et argent.

M. Anquetin de Paris est un horloger habile et un innovateur qui mérite d'être cité. Il nous a envoyé une collection de jolies montres avec son système de cadrans mobiles pour obtenir le plus facilement possible l'heure de toutes les principales villes de l'Europe. Pour obtenir l'heure, on tourne un bouton placé sur le pendant de ses montres; on fait avancer ou retarder le petit cadran mobile, de manière que le n° 60 des minutes soit vis-à-vis le nom de cette ville; alors on lit, sur le petit cadran, l'heure de cette localité, et le grand cadran principal donne l'heure du méridien de Paris. Les jolies montres de M. Anquetin servent aussi de compteurs et de cadrans mnémoniques.

Nous les recommandons aux voyageurs et aux amateurs de l'art.

M. Bachelard soumet au jury quelques lépines or et argent et des roues de rencontre qui paraissent bien traitées.

M. Boyer, ancien horloger, expose des montres marchant huit jours. Sa vitrine est fermée, mais nous avons cru remarquer que le ressort moteur de ses pièces est placé dans la grosse platine même qui devient ainsi un grand barillet, le rouage est établi sur cette platine, et a très peu de hauteur.

M. Bossy possède un jolie vitrine de montres d'or, on y remarque une jolie pièce à remontoir et une autre à ancre, à courte fourchette, bien traitée, mais l'adouci moiré qu'on a fait sur le nikel du mouvement peut lui ôter une partie de son véritable mérite, tant on aime une simplicité sévère pour l'intérieur des montres de prix.

M. Breting (Suisse) a envoyé seulement quatre montres de la belle fabrication du Locle : une répétition à minutes; une montre à huit jours de vingt lignes, à un seul barillet, mais dont la roue de temps et tout le rouage des heures sont des mobiles très petits; un remontoir au pendant, et toujours le tour de force habituel des expositions Suisses, un échappement à tourbillon. Ce mécanisme de l'invention du père Breguet qui l'abandonna de suite, est très joli à voir en fonctions; la roue d'échappement et l'échappement tournent continuellement sur eux-mêmes pendant la marche. Si M. Breting a exposé des pièces admirables, il doit être content de les voir en bonne compagnie. Toute son exposition, moins le tourbillon, existe dans des vitrines de Besançon.

MM. Blum exposent aussi des pièces de leur fabrication ordinaire. Nous avons vu quelques articles de ces messieurs et leurs pièces sont avantageuses.

M. Beguelin expose des montres que nous n'avons vues que fermées, mais on remarque dans sa vitrine de très belles chaînes de montres à fusée de la fabrique de M. Perrenoud, marchand de fournitures.

M. Bouttey père n'est pas un ouvrier ordinaire des fabriques, il a été directeur d'une école d'horlogerie à Morteau, il a fait d'excellents élèves et l'on peut dire qu'il est un de ceux qui ont précipité à Besançon l'établissage des belles pièces. On voit dans sa vitrine une magnifique montre à grande sonnerie, à secondes indépendantes, à réveil et à quantième. Cette pièce est pourvue de l'échappement à détente, elle fut faite dans le temps pour un curé, grand amateur d'horlogerie. Sa vitrine est riche en mouvements fins de toute espèce, et fait honneur à la fabrication française.

M. BUSSARD.

M. Bussard de Versailles. Tous les véritables artistes qui ont visité nos galeries sont venus saluer la vitrine de M. Bussard et se retremper, en quelque sorte, devant cette jolie collection de montres de toutes grandeurs et de toutes sortes. Des montres en aluminium, en platine, en nikel, chronomètres, modèles d'échappements, pour la démonstration ; enfin une collection de pièces détachées, d'une exécution admirable, font les éléments de cette magnifique exposition. Ici, ce n'est plus le négociant qui se procure à grands frais tous les beaux travaux de son époque, c'est l'artiste qui a limé lui-même et construit toute son exhibition. M. Bussard ne s'est jamais livré à l'invention, mais comme main-d'œuvre, personne ne peut mieux travailler que lui.

On voit dans la collection de montres exposées par M. Cattin, une jolie boîte de montre, festonnée, comme on en faisait il y a trente ans ; ce genre de boîte, qui paraissait abandonné, est cependant très gracieux, et doit plaire beaucoup aux dames ; cette montre d'un bon goût, ferait très bon effet pendue aux ceintures dorées que portent les lionnes du monde élégant.

M. Cattin (Suisse) a envoyé au concours une grande montre à deux rouages et deux échappements : l'un à ancre, l'autre à cylindre; cette pièce devient savonnette à volonté, elle marque le quantième et possède un thermomètre. Nous admirons le travail, mais nous craignons que l'auteur puisse dire comme le corbeau de l'histoire romaine.

M. Chaillet expose un chronomètre de poche assez bien traité.

On voit encore dans une jolie vitrine en bois étranger, appartenant à M. Chalon, des montres or et argent de bonne qualité, et une montre qu'on dit être brevetée *sans garantie du gouvernement* au profit du sieur Petit. Cet horloger, au lieu de placer ses pierres et de les sertir dans les platines et dans les ponts, les place sur des plaques fixées par deux vis sur chaque pont et sur la platine. Dirait-on qu'un brevet coûte cent francs par an?

M. Chastel, horloger à Pradelles (Haute-Loire), expose deux montres de son invention, la première est une répétition sonnant d'elle-même, la seconde est une montre à remontoir, sans clé, ou mieux encore, qui porte sa clé toujours fixée à la montre. M. Chastel place sur le carré de remontoir de sa montre un levier à clé Breguet avec lequel on remonte très facilement; le remontage terminé, ce levier qui est à charnière, se reploie sur lui-même et se loge dans une longue ouverture pratiquée à la cuvette. Nous avons vu déjà bien des essais de ce genre, et celui-ci nous paraît le plus heureux. Nous croyons même que M. Chastel a fait ses boîtes lui-même. Si l'exposition de cet artiste n'a pas tout le brillant de l'horlogerie de fabrique, nous pouvons dire à ceux qui seraient tentés de la critiquer qu'ils ne pourraient pas en faire autant, si on les envoyait travailler à Pradelles, en leur mettant un kilo de cuivre dans une poche et un morceau d'acier dans l'autre. Ces deux montres marchent bien, les principes y sont observés, aussi nous devons les signaler d'une manière toute particulière à l'attention des horlogers des petites villes.

M. Champrenaud (Suisse) expose un mouvement de chronomètre, où l'une des goupilles de la raquette est remplacée par une lame en or de la courbure du spiral, et qui le suit quand on tourne la raquette. Il produit également des remontoirs à ancre et des secondes indépendantes. Ces pièces sont d'un prix élevé et très bien finies.

M. Chopard de Morteau fait voir une belle montre à secondes indépendantes dont le calibre est très gracieux.

M. Cressier entre dans l'arène avec un très joli choix de montres du meilleur goût, s'il s'est placé au rang de nos bons fabricants de premier ordre, cela nous fait regretter l'absence de beaucoup d'autres producteurs qui ont pensé qu'ils devaient s'abstenir de concourir.

De Liman (Louis de Brancion), exposant hors concours, s'est fait horloger au sortir des écoles; n'ayant rien à espérer du gouvernement d'alors, c'est au travail seul qu'il a demandé les moyens de soutenir encore un édifice écroulé (1).

Après vingt ans d'études sérieuses, il a publié le *Traité d'horlogerie* exposé sous le n° 78.

M. Doucelance a quitté le professorat pour se faire horloger. Maintenant qu'il sait finir et repasser ses montres, ses connaissances mathématiques le mettront à

(1) Voir les œuvres du chroniqueur Joinville, Michaud, Histoire des Croisades, d'Hozier, etc.

même de traiter l'horlogerie d'après les principes rigoureux de l'art, il vient au concours avec de bonnes montres des trois qualités qu'il établit pour les besoins de sa clientèle.

M. Dubois (Suisse) a envoyé seulement quatre belles montres, une grande sonnerie et des remontoirs au pendant très bien faits ; c'est de la plus belle fabrication du Locle, mais aussi d'un prix très élevé.

M. Etienne produit une collection de montres à roue de rencontre bien traitées, des lépines d'or et d'argent figurent aussi dans sa vitrine.

M. Louis Fernier, depuis les quelques années que cette maison recommandable à tous égards s'est lancée dans la fabrication de l'horlogerie, on ne peut contester les services qu'elle a rendus à la classe laborieuse de notre ville. Sa vitrine renferme une quantité de montres de toute espèce, de très beaux remontoirs, des ancres et des montres émaillées. On y remarque surtout un mouvement Duplex qui paraît admirablement réussi.

M. Favre, l'un des bons horlogers de la fabrique, vient au concours avec un joli choix de montres de sa fabrication, et en partie son ouvrage. On remarque dans sa vitrine une jolie petite montre de treize lignes à ancre, et deux autres plus grosses qui sont très bien traitées, et ont, comme la plupart des belles montres de cette année, des courtes fourchettes pour les échappements.

M. Fumey expose de bonnes montres or et argent.

M. Falconnier, connaissant tous les ennuis que les chasseurs, les militaires en campagne et les marins en mer éprouvent pour trouver des verres et même replacer ceux de leurs montres lorsqu'ils tombent, a imaginé une boîte dite boîte parisienne qui détruit ces inconvéniens; sa boîte est à double lunettes, chacune de ces lunettes s'ouvre séparément, vous posez un verre un peu grand ou un peu petit sur la première lunette, vous fermez la seconde qui retient parfaitement ce verre : par ce moyen, on emporte six verres avec soi afin d'en avoir pour une longue campagne.

M. GABUS (Félix).

Les visiteurs de l'Exposition passent insouciants devant une toute petite boîte vitrée au fond de laquelle on ne voit qu'une seule montre marchant ouverte. On préfère les émaux éclatants, les vitrines où le diamant brille, et cependant cette petite boîte contient un objet remarquable, le chronomètre de poche de M. Félix Gabus.

Cet artiste a modifié l'échappement à détente ordinaire dans ce sens que par un bras recourbé de la détente, il obtient un dégagement qui reste très peu de temps en contact avec la levée attenant au balancier. La forme de sa roue est aussi différente de tout ce qu'on connaît dans l'échappement à détente, les dents sont terminées par des petits marteaux qui ne permettent pas à la levée du plateau de frotter sur leur flanc comme cela arrive lors du commencement de la levée des autres roues.

M. Gabus a encore exécuté sur cette montre, avec une rare perfection de main-d'œuvre, une de ses idées sur la compensation des effets de la température. Toujours, par la combinaison bimétallique, son compensateur avance ou retarde la montre en déplaçant la raquette entière comme le ferait la main de l'homme.

La trotteuse de cette montre s'arrête à volonté et revient d'elle-même au chiffre du cadran qu'elle eût atteint si elle eût continué sa marche. Voici sa construction :

La trotteuse est montée sur une tige qui passe dans un pignon percé conduit par la roue moyenne, comme celui de la roue de champ. La tige de ce pignon est donc percée et taillée dans le genre d'un bec de plume. Sur la tige de l'aiguille, qui est carrée dans sa partie supérieure, se trouve un canon monté libre, et à trou carré, ce canon est aussi taillé en bec de plume ; il est sollicité à descendre et à rejoindre parfaitement l'autre bec de plume du pignon par un spiral assez fort et conique qui est retenu, au haut de la tige de l'aiguille, par un petit plateau dans lequel il reprend la forme d'un spiral plat lorsque, pour les besoins de l'observation, une détente soulève l'un des becs de plume et arrête ainsi l'aiguille. En poussant un bouton extérieur, l'aiguille s'arrête instantanément. En le poussant une seconde fois, l'aiguille revient sur le cadran à l'endroit où elle se fût trouvée si elle eût marché. M. Benoît, directeur de l'école de Cluse, a bien inventé un compteur à peu près dans ce genre, mais par des moyens différents. Quoi qu'il en soit, voilà une idée heureuse et appliquée avec une rare perfection. Cette petite exposition est donc plus précieuse pour les artistes que toute la marchandise exposée.

Le régulateur de cet artiste, dont nous avons oublié

de parler en son lieu, donne à sa montre le plus authentique certificat d'origine, c'est la même main toujours guidée par des combinaisons d'améliorations et de progrès. Un échappement à chevilles rendu libre au moyen d'une petite détente très ingénieuse; un compensateur inédit et surtout un genre de remontoir tout nouveau et curieux donnent à cette pièce un caractère artistique tout particulier. Pour remonter le poids, on ne se sert pas d'une clé, on tire un petit poids suspendu à un cordonnet en soie, le poids moteur monte d'autant qu'on a baissé le petit, et ce petit poids remonte de lui-même pour qu'on recommence ainsi une ou deux fois jusqu'à parfait remontage du poids moteur.

M. Gabus porte déjà à sa boutonnière la médaille du martyr de Sainte-Hélène, espérons qu'il recevra encore une autre médaille en récompense de ses travaux.

M. Grillier expose une centaine de montres d'or, autant en argent. Cette maison qui paraît avoir gagné beaucoup d'argent dans l'horlogerie, doit rendre aussi de grands services sur notre place. Son exposition se compose des bons produits de Besançon. Chaque genre de montre y est représenté au grand complet.

M. Guye (Suisse) expose seulement trois mouvements en nikel, mais ils sont tous trois pourvus d'essais d'échappements nouveaux; l'un a la fourchette ordinaire de l'ancre pour le dégagement, la roue d'échappement repose sur les levées de l'ancre qui ne sont que des repos, et donne au balancier les impulsions, comme l'échappement à détente ordinaire.

L'autre est une modification de l'échappement à ancre quant aux levées dont la position est changée.

Le troisième a une levée qui donne une impulsion au balancier quand il tourne d'un côté, et la roue lui donne une autre impulsion, quand il tourne de l'autre; on peut dire que cet échappement est mixte : à ancre et à détente tout à la fois.

MM. Haldimann père et fils (Suisse) viennent au concours avec quatre magnifiques montres. L'une à répétition est très bien établie, l'autre à remontoir à ancre vaut quatre cents francs, et les deux autres montres d'or valent trois cents francs pièce. Cette maison fabrique très bien, et si elle a pu encore tenir en France jusqu'à présent, c'est parce qu'elle s'est toujours présentée chez les horlogers avec des pièces d'un prix élevé et bonnes.

M. Hoffre, excellent horloger en roues de rencontre, fabrique aussi d'autres genres. On remarque dans ses produits une belle pièce à deux tours d'heure, des lépines or et argent. Il a repris un échappement que les horlogers connaissent sous le nom d'échappement vertical, dont les dents longues et pointues de la roue d'échappement reposent sur un petit rouleau sur lequel il y a deux coches obliques où s'opèrent les levées de l'échappement. M. Hoffre fait ses roues en acier, met des trous en pierre, aussi on peut espérer que ces montres donneront un bon résultat.

M. Jeannot-Droz tient un magasin de détail à Besançon, il expose un joli choix de montres destinées à sa clientèle bourgeoise. On remarque dans sa jolie exposition une belle montre à échappement de chronomètre cotée 1,400 francs, des montres émaillées de bon goût et une belle montre d'argent de 220 francs.

M. Jeanrenaud (Suisse) expose une montre chinoise

avec échappement duplex à trois coups perdus, elle donne la seconde fixe, mais le passage des trois petites dents sur le rouleau se fait sentir sur l'aiguille de seconde qui s'agite trois fois avant de passer d'une seconde à l'autre.

Tout le monde s'arrête devant une énorme montre de trente-six lignes de largeur et épaisse à proportion, que M. Grandmasson, horloger en magasin, rue Moncey, a exposée, il a fait cette pièce pour un homme âgé qui veut pouvoir lire l'heure sans lunettes. Puisse l'exemple de ce brave homme engager tous les bourgeois à changer les petites montres contre des grosses.

Les artistes seuls ont remarqué une montre dont les aiguilles portent et tournent avec un cadran bariolé de plusieurs couleurs. Cette montre est l'œuvre d'un étranger à l'horlogerie, du greffier du tribunal de Laon ; avec son cadran mobile, il obtient l'heure de toutes les villes du monde.

M. Loncq a eu à peu près la même idée que M. Anquetin. Horlogers, si des bourgeois travaillent à perfectionner notre art, combien êtes-vous coupables envers la société lorsque, soit par insouciance ou pour obéir à une détestable routine, vous travaillez seulement pour le salaire sans vous préoccuper de l'art.

M. Lambert expose des montres d'or et d'argent de sa fabrication ordinaire et des échappements duplex. Nous avons particulièrement remarqué dans la vitrine de cet horloger une charmante petite montre de neuf lignes qui paraît parfaitement traitée.

M. Martens, directeur de l'école d'horlogerie grand-ducale de Bade, expose un choix de montres fines de tous les genres. Aussi croit-on que cet établissement réussira. Cette exposition laisse dans le cœur de chaque Bisontin le regret de ne point avoir une école d'horlogerie. S'il est vrai que celles qui furent établies dans le temps à Mâcon et à Besançon n'ont rien donné, les produits de M. Martens, ceux de l'école de Genève et l'excellente école de Cluse, prouvent que dès qu'on aura trouvé des maîtres joignant à une théorie sévère la perfection du travail manuel, une école réussira infailliblement.

M. Menet expose des montres onomatiques, c'est-à-dire des montres dont les ponts sont autant de lettres avec lesquelles on lit parfaitement Napoléon III, Eugénie, Victoria, etc. De jolis portraits de Leurs Majestés sont placés dans le fond des boîtes. Une maison suisse avait exposé le même genre en 1855. Plusieurs de ces montres marchent huit jours, mais pour celles qui marchent seulement vingt-quatre heures, il est regrettable que ce joli calibre ne puisse s'accommoder avec les principes d'horlogerie qui exigent des balanciers assez puissants pour donner un réglage soutenu.

Leurs Majestés l'Empereur et l'Impératrice ont sans doute voulu encourager M. Mennet, car on voit dans sa vitrine deux médailles d'or à leur effigie.

A propos des travaux de M. Mennet, nous connaissons le projet d'une montre qui doit être présentée aussi à Sa Majesté l'Empereur. L'intérieur de la montre représente son buste en relief avec les deux bras; dans la tête, on voit le ressort moteur, un diamant étincelant représente un des yeux. La sphère terrestre tourne sous la main droite dont l'index marque l'heure; sous l'autre main, on voit l'aigle (l'ancien coq) sous lequel oscille avec une précision merveilleuse le régulateur du mouvement de cette machine remarquable.

M. Montandon (Henry) expose beaucoup d'horlogerie tant pour le gros que pour sa clientèle bourgeoise, c'est un travailleur consciencieux et intrépide, il cherche toujours des améliorations. Sa vitrine contient des échantillons de ses nouvelles combinaisons. Des cadrans à aiguilles doubles pour les voyageurs en chemin de fer, des boîtes garantissant bien les mouvements, des remontoirs par le pendant, des montres dont l'aiguille des heures est transformée, de manière à être mieux aperçue la nuit, des chronomètres de poche, des pièces à ancre d'un prix élevé, etc., font les éléments de sa jolie collection. Nous engageons les horlogers à s'arrêter devant cette exposition qui a un cachet tout particulier.

M. Piguet expose des montres à deux tours d'heure pour les voyageurs en chemin de fer, des montres à quantième perpétuel, des montres à cadrans représentant des paysages, de bons remontoirs et des Duplex, etc. M. Piguet a eu une médaille à l'Exposition universelle de 1855 pour deux montres qu'il exposa étant en Suisse, il est regrettable qu'il n'ait pas mis ces deux belles pièces dans sa vitrine de 1860.

M. Julien Przyalgowski, né à Przyalgow (Pologne), fut officier de lanciers polonais, il combattit et fut blessé dans la guerre pour l'indépendance de sa patrie. Vous connaissez tous les fatales conséquences de ce dernier effort d'un peuple opprimé, ceux qui restèrent à la fin du carnage n'ayant d'autre alternative que la mort ou l'exil ; M. Przyalgowski vint en France, et comme il lui coûtait de recevoir des subsides de l'étranger, il a demandé au travail des moyens d'existence, il s'est fait horloger et a aussi été cité à l'Exposition universelle.

Il expose quatre montres qu'il a construites en entier :

Une montre en or à secondes indépendantes, échappement à ancre droit, etc.

Une autre montre simple mais aussi à ancre.

Une montre d'or pour homme, à cylindre, et une pareille pour dame.

Ces pièces d'un prix élevé sont toutes destinées à sa clientèle bourgeoise, mais elles sont si bien traitées que ceux qui s'en servent peuvent dire de M. Julien Przyalgowski comme on a dit d'un des petits-fils de Thierry, duc de Lorraine, qui est aussi horloger en France. *Jam nobilis labore nobilior.*

M. Racapé habite Rennes, l'ancienne capitale de la Bretagne. Les horlogers et les bijoutiers qui vendent aussi des montres dans ce pays de franchise et de loyauté proverbiales, à l'exemple du fameux Champion de Rennes, tiennent dans leurs magasins et vendent toujours de préférence ce qui se fabrique de mieux et de plus solide en horlogerie. Les marchands de patraques ont bien essayé de séduire tous les artistes Rennais par le bon marché, mais il n'y réussiront pas.

M. Racapé a exposé ses raquettes mobiles, au moyen desquelles le particulier peut avancer ou retarder sa montre avec sa clé ordinaire, sans qu'il puisse craindre de briser ou de détériorer quelques pièces, car en poussant la raquette, qui n'est bien palpable que pour l'horloger, il arrive souvent de graves accidents.

M. Racapé a placé sur les deux montres qu'il expose des cylindres qu'il nomme renforcés, parce qu'il laisse à toute la partie fragile des cylindres deux ou trois fois l'épaisseur qu'on leur a donnée jusqu'à présent.

Ce qui a le plus frappé les artistes qui visitent cette exposition, c'est une heureuse modification de l'arrêtage en croix de Malte de l'invention de M. Racapé. Il laisse, au bras plein de la croix de Malte une longueur double de ceux qu'on connaît, il dispose son doigt d'arrêtage de manière qu'une seconde coche pratiquée de chaque côté du dard vienne arrêter parfaitement à la tengente sur le bras amplifié de la croix de Malte.

Telle est l'exposition de M. Racapé. Nos anciennes relations d'amitié nous empêchent de nous prononcer sur ses produits, mais nous attendons avec confiance la décision du jury.

M. Recordon expose une montre à huit jours, de son invention, et deux remontoirs au pendant aussi de sa combinaison. Cet artiste est encore un ancien ami et une de nos premières connaissances en fabrique. Il passe pour avoir fait la première tabatière à musique, et quoique bientôt octogénaire, ses travaux accusent, par leurs effets et leur régularité, une invention hardie et le fini d'une main jeune et vigoureuse (1).

(1) En 1846, quand nous avons demandé l'adresse des principaux artistes horlogers de la ville de Besançon, dix horlogers pris au hasard nous indiquèrent M. Recordon, feu M. Deniset et trois ou quatre autres horlogers réellement hors ligne que nous avons perdus depuis quelque temps; aujourd'hui quand un étranger demande un artiste, chez qui l'envoie-t-on? Chez des grands faiseurs d'affaires, chez des anciens négociants qui parlent horlogerie comme des perroquets, et déconsidèrent ainsi notre fabrique aux yeux des artistes éclairés.

M. Richardey expose de très belles montres en tous genres qu'il établit pour l'alimentation de son magasin. On voit dans sa vitrine des montres à remontoir, des chronomètres bien traités et des montres émaillées. M. Richardey succède encore à un ami, à l'estimable M. Bataille. Un accident, une chute funeste a contraint cet horloger à se résigner au repos. Son successeur a eu la bonne idée d'exposer des compteurs qu'il avait construits dans le temps pour l'Ecole d'artillerie. Quoique M. Bataille ne soit pas exposant, tout le monde lui rendra justice en disant que c'est un des hommes qui ont donné à la fabrique de Besançon une partie de son renom.

MM. Savoye frères, à Paris, exposent un des plus jolis choix d'horlogerie. Leurs jolies boîtes émaillées à Genève, leurs montres d'argent niellées et damasquinées sont très goûtées du public ; ils exposent tous les genres de la fabrication de Besançon, ils ont la louable franchise d'indiquer l'origine de chaque objet. Le grand-père Savoye était un artiste remarquable et l'un des fondateurs de la fabrique Bisontine. En venant à l'Exposition actuelle et en continuant la fabrication et leur vente en gros, ces messieurs cultivent le champ que leur ont laissé leurs parents. Aussi c'est pour nous un véritable plaisir de signaler leur présence à l'Exposition.

M. Thiriet jeune expose de magnifiques pièces à ancre, des secondes indépendantes et beaucoup d'autres montres de prix pour la vente de son magasin que vient de lui céder M. Leyritz, son ancien patron et l'un des doyens des artistes horlogers de Besançon. On nous racontait l'autre jour un fait très rare et qui honore autant le maître que l'employé qui en est l'objet. M. Leyritz, voulant se retirer des affaires, a du dire à M. Thiriet : Vous avez travaillé chez moi pendant dix-sept ans, jamais je n'ai eu le moindre reproche à vous adresser sur votre travail et sur votre exactitude, je pourrais vendre ma clientèle à un successeur étranger, mais avant de la mettre en vente, la voulez-vous, je vous la donne!!

M. TERRIER.

M. Terrier vient au concours avec des montres à ancre de son invention. Tous ceux qui construisent des échappements à ancre emploient des levées rectilignes plus ou moins inclinées d'un côté ou de l'autre, de sorte qu'il est des montres qui éprouvent dans le jeu de l'échappement un décrochement si difficile que leur marche devient bientôt engourdie et mauvaise. Ceux qui construisent ainsi les ancres le font par habitude et sans savoir pourquoi. M. Terrier construit ses échappements tout différemment, et en cela il est d'accord avec une saine théorie basée sur des effets mécaniques certains. Il fait reposer ses roues d'ancre sur des arcs de cercle parfaitement concentriques à l'axe de son ancre, et le contact a toujours lieu sur un point visant le centre de cet axe. Sur les deux arcs des repos, il forme les plans inclinés qui produisent les levées de l'échappement. La pente des inclinés n'est pas la même, attendu que les deux arcs de repos sont des portions de deux cercles de diamètres différents. On conçoit que pour dégager une dent, reposant sur une pièce circulaire, il faut une force très minime qui ne trouble en rien l'isochronisme des oscillations d'un balancier. La fourchette de M. Terrier ressemble à un vide d'une denture de roue, ayant la forme épicicloïdale rigoureuse de l'engrenage parfait. Son doigt de levée a la forme de l'aîle d'un pignon et vise le centre de l'axe du balancier. Aussi combien la force de l'impulsion d'une telle fourchette doit être uniformément transmise au régulateur depuis le premier contact jusqu'à la fin de la menée.

Quelques artistes reconnaîtront sur le champ l'importance des améliorations de M. Terrier, la majeure partie des horlogers n'y comprendront rien. Les prétendus savants, qui n'ont jamais fait de l'horlogerie que sur du papier, les critiqueront peut-être. Cependant M. Terrier est un des héros de l'Exposition (1).

Nous devons encore à cet artiste une raquette très ingénieuse. Le modèle que nous avons vu est un petit chef-d'œuvre de composition et d'exécution. En voici les effets : au lieu des goupilles dans lesquelles passent les spiraux des pièces ordinaires, cette raquette porte une petite pince d'acier qui tient le spiral serré comme dans un piton. Pour le réglage, quand on pousse la raquette, la pince s'ouvre avant qu'elle soit déplacée et se referme lorsqu'on cesse de pousser soit du côté de l'avance soit vers le retard.

M. Ulmann jeune a présenté au concours un choix de

(1) Nous sommes heureux d'avoir posé en principe une partie des améliorations de cet artiste, mais nous avons le regret d'avoir conservé à notre levée du plateau la forme illiptique des anciennes montres, notre fourchette et nos levées sont figurées sur le même principe que celles de M. Terrier. (Voir notre *Traité d'horlogerie*, page 195 et la figure 8).

montres très avantageuses comme prix. Cet exposant a encore le mérite de présenter exactement son genre ordinaire de fabrication.

M. Veillon (Suisse) expose une magnifique collection de montres d'un prix élevé. On remarque particulièrement l'échappement à tourbillon traditionnel, des chronomètres de poche, des montres à répétitions et des pièces à ancres, des duplex très bien traitées et d'un grand prix.

Avant de clore notre travail sur les montres, nous devons un article tout spécial sur les spiraux de M. Guye et surtout sur ceux de M. Lutz de Genève. A l'Exposition de 1855, nous avons expérimenté sur les produits de M. Lutz. Etaient présents MM. Mathieu et le baron Séguier, membres du bureau des longitudes de Paris ; Barman, envoyé extraordinaire de la Confédération helvétique à Paris, et sir Charles Frodsham, horloger à Londres. Si les spiraux de 1855 étaient irréprochables et supérieurs, ceux que M. Lutz de Genève expose en 1860 doivent encore avoir au moins autant de propriétés et lui mériter les plus grands éloges.

CONCLUSION.

1er août 1860.

Nous devons, Messieurs les Exposants, vous remercier de la complaisance extrême que chacun de vous a eue envers nous pour faciliter ce travail. Depuis les sommités de l'horlogerie jusqu'au simple ouvrier de fabrique, tous, vous avez accepté notre appréciation en nous ouvrant spontanément vos vitrines. Merci mille fois, Messieurs, ce n'est pas à un confrère, à un ami seulement que vous avez rendu service, c'est à l'art de l'horlogerie et à tous les horlogers. Chaque chose a ses enseignements, chaque idée en ouvre d'autres, ce que vous nous avez confié tout bas, notre plume, comme un écho fidèle, va le répéter à tous les hommes intelligents.

Besançon avance à pas de géant dans les voies du progrès. Si on voit autant de montres de prix à l'Exposition, ceci donne raison à nos considérations préliminaires, quand nous disions que la patraque avait fait son temps et qu'il s'opérait une réaction complète en faveur de la bonne horlogerie.

Les horlogers des petites villes qui se sont, pour la plupart, perdus avec les pièces à bon marché, vont pouvoir se convaincre en visitant l'Exposition que s'il est établi autant de belles montres, c'est pour les vendre et qu'elles se vendent en effet parfaitement. Combien ils seraient encore mieux convaincus, si trente autres maisons de premier ordre ne s'étaient pas abstenues de venir au concours. Nous le regrettons aussi bien sincèrement, car, dans leurs vitrines, nous eussions trouvé encore beaucoup de chefs-d'œuvre et bien des idées propres à développer les recherches des penseurs et à stimuler l'émulation de la jeunesse.

Ceux qui n'ont pas mis leur nom sur leurs vitrines et qui n'ont pas cherché à nous faire connaître ce qu'elles peuvent contenir d'intéressant pour l'art, ne doivent point mal interpréter notre silence. Un seul exposant a critiqué notre appréciation, nous ne lui en voulons pas, et nous désirons que le jury le tire de l'oubli où nous l'eussions laissé dans tous les cas.

Tous les jours, de deux à quatre heures du soir, nous avons stationné dans les galeries de l'Exposition d'horlogerie, afin d'y prendre des notes et de bien nous renseigner auprès des exposants eux-mêmes.

Nous sommes convaincu que chaque horloger, disposant toujours des mêmes ouvriers que ses voisins, a pu exposer des pièces pareilles à celles qu'on voit dans les plus importantes vitrines. Tel qui a repassé un mouvement pour l'exposant qui aura une médaille d'or, peut parfaitement avoir fait le même ouvrage pour compléter une vitrine dont personne ne parlera. Nous regrettons donc bien sincèrement que MM. Allin, Barbezat, Damiens, de Paris (pour ses montres); Gannard, Jeanrenaud, Liénard, Lhomme, Martin, Péquignot, de Porrentruy; Quienney, Rochat, Schwoob, Sterki et trois autres exposants anonymes, nous aient laissé ignorer ce que leurs expositions peuvent avoir d'intéressant pour nos lecteurs et pour nous.

Nous regrettons aussi de ne pouvoir parler des produits de MM. Henri Robert et Henri Le Pante, de Paris, dont les colis arrivent seulement aujourd'hui 8 août. Ces maisons sont tellement bien posées dans la capitale que tout le monde sait d'avance que les travaux de ces messieurs sont autant de modèles propres à orner davantage notre magnifique exhibition.

Pour ceux des exposants que nous signalons à la confiance publique, si nous assumons sur nous une aussi grande responsabilité, c'est avec la conviction sincère que chacun redoublera d'efforts pour nous donner toujours raison.

Tel est le petit ouvrage que nous offrons sur l'horlogerie à l'Exposition de 1860. Notre travail n'était pas à moitié publié que déjà on a parlé d'une souscription pour nous offrir une médaille commémorative de notre magnifique Exposition.

Quelque flatteuse que soit cette démarche, nous prions Messieurs les Exposants de considérer que la seule récompense que nous désirons toujours, c'est celle de pouvoir rendre service au plus grand nombre de nos confrères avec l'approbation de tous.

Lettre à MM. les Membres du Jury.

8 août 1860.

Messieurs, on avait dit d'abord que les exposants de chaque série eussent voté pour la nomination du jury chargé de statuer sur les récompenses à accorder; ceci paraissait raisonnable et juste, mais si ce mode de nomination a paru difficile à appliquer, si la Commission vous nomme elle-même à ces délicates fonctions, tout le monde ratifiera son choix, chaque exposant vous sera reconnaissant de vos peines et de votre dévouement.

Oui, Messieurs, il faut du dévouement pour entreprendre

une tâche aussi difficile. L'horlogerie, dans les provinces comme dans les fabriques, subit une de ces crises qu'on constate sans en indiquer les causes. Celui qui a étudié l'horlogerie, celui qui a usé sa personne et sa fortune pour chercher, pour perfectionner l'art et améliorer les produits, est débordé de toutes parts, le commerce s'empare de tout, détruit tout et vient avec des quantités énormes de marchandises concourir avec les artistes et leur disputer les lauriers.

Pour les montres vous aurez trois catégories bien distinctes chez les exposants.

1° L'exposant artiste horloger travaillant lui-même, cherchant et perfectionnant toujours.

2° L'exposant horloger, fabricant bien avec les ressources ordinaires de la fabrication d'horlogerie.

3° L'exposant non horloger, le négociant exploitant l'horlogerie soit en achetant à tous les petits fabricants, soit en faisant fabriquer lui-même au moyen de contremaîtres qu'on nomme visiteurs.

L'exposant artiste qui cherche toujours des améliorations, qui expose l'ouvrage qu'il exécute lui-même, doit, ce nous semble, tenir le premier rang; car sans de tels hommes, l'horlogerie serait encore ce qu'elle était il y a trois siècles, informe et sans régularité.

L'exposant horloger fabricant bien, terminant parfaitement les mouvements bien commencés, conservant intacts les principes et les modèles des maîtres de l'art, doit avoir le second rang dans le concours et quelquefois même il peut tenir le premier.

L'exposant qui vient demander des grades dans l'industrie avec de la marchandise dont il ne connait ni la valeur ni le mérite que sur la foi de son visiteur, nous paraît devoir passer en troisième et dernière ligne, attendu que s'il peut exposer de bons articles fabriqués sous la rubrique de tel visiteur, dans un an, dans six mois toute sa fabrication peut devenir détestable sous la direction d'un mauvais contre-maître!!

Vous allez dire sans doute quel est donc ce téméraire qui vient nous tracer des lignes et classer ainsi le travail que nous allons entreprendre, pourquoi se permet-il de tout commenter, de tout expliquer ce qu'il y a de curieux en horlogerie à l'Exposition de Besançon? La réponse sera facile, plus de quinze cents horlogers de France instruisent leurs enfants avec un livre qu'il a publié sur l'horlogerie; stimulé par ce premier succès, il ne s'arrêtera que lorsque ses clients et ses lecteurs ne l'encourageront plus à publier quelque chose de nouveau. Tous lui ont dit : Pourquoi n'avez-vous pas décrit ce qu'il y avait de remarquable en horlogerie à l'Exposition de 1855? personne ne sait ce que l'art a gagné dans les Expositions précédentes, aucune idée n'a été mise au jour, aucune amélioration n'a été expliquée suffisamment pour profiter aux artistes : Faites un livre, nous l'achèterons encore.

Il avoue que pour les montres il est bien embarassé. Il faut écrire la vérité sur tout le monde, il y a la moitié des exposants qui l'ont toujours favorisé de leurs achats et l'autre moitié qui lui a toujours ouvert ses coffres avec confiance lorsqu'il a eu besoin de l'article de chacun d'eux ; il remplira donc le rôle scrupuleux de simple historien sans aucune préoccupation d'intérêt; en remplissant son devoir, il espère avoir l'approbation de tous.

En terminant ces considérations, laissez-moi vous raconter une anecdote relative à M. de Buffon.

Il habitait, comme vous savez, le château de Montbard, son cabinet de travail était sur le rempart qui domine la gare du chemin de fer, quelquefois il lisait devant son valet de chambre, il étudiait même devant lui, si bien que ce garçon savait par cœur toute la classification du célèbre naturaliste, il expliquait Pline comme son maître, mais celui-ci ne s'en doutait pas.

M. de Buffon avait la mauvaise habitude d'écrire sur des feuilles volantes et sans numéro, et de les laisser sur sa table de travail. Un jour un coup de vent emporta toutes les notes de l'interprète de la nature ; il rentre et trouve tout son travail dérangé et toute sa classification embrouillée ; il dit à son valet qu'il le chassait, puisqu'il s'était permis de toucher à ses écrits. Mais pendant que M. de Buffon passait sa colère dans les allées tortueuses de son parc, le pauvre garçon se mettait à l'œuvre et reconstruisait tout le manuscrit immortel du naturaliste. M. de Buffon stupéfait, ne chassa pas son valet de chambre, il en fit même son collaborateur et son ami. Puissai-je être pour vous, Messieurs, ce que fut pour Buffon ce serviteur intelligent.

DE LIMAN.

Besançon, imp. de Roblot.

ERRATA.

Page 45. — *Lisez* bascule.
Page 46. — *Lisez* une énigme.
Page 67. — *Lisez* raquettes à cadran.

AVIS.

Ceux des exposants qui désirent un certain nombre d'exemplaires de ce travail, doivent écrire à l'auteur, place Saint-Pierre 2, à Besançon (Doubs).

OUVRAGE DU MÊME AUTEUR :

Abrégé de Géométrie, de Physique, de Chimie et d'Astronomie, faisant partie d'un *Traité complet d'horlogerie* avec planche.

1 volume in-8° de 300 pages. . . . . 5 fr. »

Par la poste. . . . . 5 fr. 50

www.ingramcontent.com/pod-product-compliance
Ingram Content Group UK Ltd.
Pitfield, Milton Keynes, MK11 3LW, UK
UKHW022059170726
13837UKWH00003B/1005

9 782019 978853